Beiträge zur Psychopathologie Band 4

Zur Handlungsanalyse einer Tat

Herausgegeben von J. Gerchow

Springer-Verlag
Berlin Heidelberg New York Tokyo 1983

Prof. Dr. Joachim Gerchow
Zentrum der Rechtsmedizin
Klinikum der Johann Wolfgang Goethe-Universität
Kennedyallee 104
6000 Frankfurt/Main 70

ISBN-13:978-3-540-12641-6   e-ISBN-13:978-3-642-69270-3
DOI: 10.1007/978-3-642-69270-3

CIP-Kurztitelaufnahme der Deutschen Bibliothek
Zur Handlungsanalyse einer Tat/hrsg. von J. Gerchow. – Berlin; Heidelberg; New York; Tokyo:
Springer, 1983. (Beiträge zur Psychopathologie; Bd. 4)
ISBN-13:978-3-540-12641-6

NE: Gerchow, Joachim [Hrsg.]

Vorwort

Die 25. Tagung der Arbeitsgemeinschaft Forensische Psychopathologie der Deutschen Gesellschaft für Rechtsmedizin hat versucht, über das Thema „Zum Aussagewert der Handlungsanalyse einer Tat" Grundlagen aus der Sicht verschiedener Fachrichtungen zu erarbeiten. In Übersichtsreferaten wurden die juristischen (Jakobs), psychologischen (Wegener), psychiatrischen (Rasch) und psychoanalytischen (Schumacher) Perspektiven dargestellt. Die Resonanz macht die Aktualität und praktische Bedeutung eines Sachverhalts deutlich, der für Juristen, Psychologen, Mediziner und Analytiker gleichermaßen in der Begutachtungspraxis und der Urteilsfindung von Wichtigkeit sein kann. So entstand der Plan, die Vorträge dieser Veranstaltung in Buchform erscheinen zu lassen, um für einen größeren Interessentenkreis eine Basis zu haben, Sicht- und Denkweisen in der Medizin und Jurisprudenz zu überdenken und Problembewußtsein zu wecken. Besonderer Dank gehört deshalb dem Springer-Verlag, der die Veröffentlichung gefördert und ermöglicht hat.

Wenn der „Handlungsbegriff" interdisziplinär diskutiert wird, läßt sich das „Willensproblem" nicht ausklammern. Verlag und Herausgeber haben deshalb zusätzlich eine Arbeit von Prof. Dr. Dr. Schewe zum Thema „Wille und Freiheit — juristische und medizinisch-psychologische Aspekte" aufgenommen und den Referaten gleichsam zur „Einstimmung" vorangestellt.

Im Hinblick auf die Thematik muß allerdings damit gerechnet werden, daß Meinungsunterschiede zwischen Sachverständigen verschiedener Standorte nicht abgebaut werden können, sich möglicherweise sogar vertiefen. Es wird sich auch nicht vermeiden lassen, daß richterlicherseits erneut und verschärft die Kompetenz der Sachverständigen im Bereiche der hier diskutierten Themen in Frage gestellt wird. Die Erfahrung zeigt, daß es problematisch sein kann, empirische Sachverhalte und Forschungsergebnisse der an normativen Gewichtungen orientierten juristischen Denkweise anzubieten. Auch ist ein solches Vorgehen immer schon von manchen Sachverständigen bis zur Verweigerung abgelehnt worden. Erinnert sei an die These, daß einer empirisch wissenschaftlichen Beweisführung nur die Feststellung von Krankheiten zugänglich sei. Dieser Aspekt hat im Rahmen der Frage, ob es feststellbar sei, daß der Mensch mit oder ohne Schuld handle, die forensische Psychiatrie seinerzeit in zwei Lager gespalten, in die „Gnostiker" und die „Agnostiker". Eine solche Entscheidung sei dem menschlichen Erkenntnisvermögen entzogen, so meinten die „Agnostiker", während die „Gnostiker" glaubten — und nach wie vor der Meinung sind —, aus empirischer Sicht zu einer Entscheidung beitragen zu können.

Sinn und Ziel dieser Publikation würden mißverstanden, wenn man zu der Auffassung käme, es sollten Kompetenzprobleme provoziert werden. Die Sachverständigenrolle kann nur als Gehilfenrolle des Richters verstanden werden. Dennoch soll deutlich werden, daß die Mitteilung von Befunden sehr häufig nicht genügt, um den Richter in die Lage zu versetzen, Tatfragen zu entscheiden. Im übrigen kann der Richter — und tut dies auch — jederzeit seinen Auftrag an den Sachverständigen erweitern und ihn zur Antwort auf besondere psychologische oder psychiatrische Probleme beim „subjektiven Tatbestand" auffordern. Zweifellos kann es sinnvoll sein, Denkansätze an das Nachbargebiet gelangen zu lassen (Müller-Luckmann). Erfahrungen in foro und Gespräche mit Richtern bestätigen, daß die Feststellung des „subjektiven Tatbestandes" psychiatrisch-psychologische Probleme beinhalten kann, die über die richterlichen Aufklärungsmöglichkeiten hinausgehen. Keineswegs ist eine Psychologisierung des Strafverfahrens wünschenswert. Noch weniger wünschenswert ist es aber, diese Probleme auf Kosten der Wahrheitsfindung auszuklammern.

Diese Erfahrung ist mit ein Grund dafür gewesen, das Thema zu wählen und den Aussagewert der Handlungsanalyse einer Tat zu untersuchen.

„Handlung" wird im Strafrecht definiert als „willkürliche Körperbewegung". Die strafrechtliche Relevanz wird am deutlichsten, wenn das „Wollen" in einer bewußten, aktiven Auseinandersetzung, in der „Handlung", zum Ausdruck kommt. Schwieriger wird es bei den Affekt-, Trieb- und Kurzschlußhandlungen, prinzipiell auch bei Handlungen unter Alkoholeinfluß (vor allem wenn der Täter sich nicht erinnert oder „die Tat nicht wollte"). In der Regel wird auf die „äußere" Zielrichtung abgestellt. Daraus werden Rückschlüsse auf Wille, Entschluß und Zielvorstellung gezogen. Aus der Zielgerichtetheit des „äußeren" Tatablaufs werden also Rückschlüsse auf die „inneren" Vorgänge abgeleitet. Formelhaft hat dies Schewe so ausgedrückt: Das Strafrecht meint die „Willensrichtung", die anderen Disziplinen meinen „den Vorgang des Wollens".

Es besteht kein Zweifel, daß der den „äußeren" Vorgang kennzeichnenden Handlung sehr komplizierte „innere" Abläufe zugrunde liegen können. Es ist vorstellbar, daß deren vertiefte Kenntnis auch bei Fragen nach der Tatbestandsmäßigkeit eine sicherere und zutreffendere Entscheidung ermöglicht.

Das, was sich als „Tat" darstellt, ist oft der Endpunkt einer Entwicklung, aus der ablesbar wird, wie sich der spätere Täter mit sich selbst und seiner inneren Verfassung auseinandersetzte (Rasch). In diesem Zusammenhang gibt es eine ganze Reihe von Ansätzen für Lösungsversuche. Ob man von „vorverlagerter Schuld" im Sinne von Hallermann oder von „Vorgestalten" (Stumpfl) der späteren Tat oder von „forensisch bedeutsamen Vorentscheidungen" (de Boor) spricht, ist von untergeordneter Bedeutung. Ergebnis einer Analyse der inneren Vorgänge kann jedenfalls die Feststellung sein, daß einer Lösung entgegengelebt wurde und daß „Tathandlung" gleichsam Beendigung der eigenen Zuständlichkeit ist (Rasch). Einer emotionalen Befindlichkeit wird „durch Handlungen abgeholfen bzw. abzuhelfen versucht" (Burchard). Die Erfahrung zeigt, daß diese besondere Befindlichkeit des Täters eine — zunächst angenommene — final gesteuerte Handlung in Frage stellen kann und daß unter Umständen auch vom angenommenen „Vorsatz" Abstriche zu machen sind.

Damit soll nicht gesagt sein, daß der Sachverständige sich zu Rechtsbegriffen äußern sollte, mit denen er erfahrungswissenschaftliche Vorstellungen verbindet. In seiner Gehilfenrolle kann der Sachverständige aber durchaus „kompetent" sein, die Bedeutung der „Handlungsanalyse" zu interpretieren. Schewe hat diese Problematik in anderem Zusammenhang einmal formuliert: zur Kennzeichnung der „objektiven"

Merkmale einer Straftat ist ein Rückgriff auf „innere“ Abläufe erforderlich und die „Tatbestandsmäßigkeit“ einer Handlung erhält unter Umständen erst bei Kenntnis der psychischen Vorgänge die rechtliche Relevanz und Qualität.

Dies sind die Inhalte der Fragen, die sich stellen; dies sind aber auch die Grenzen, bis zu denen der Sachverständige in seiner Gehilfenrolle allenfalls vorstoßen kann. Diese Veröffentlichung würde ihren Zweck erfüllen, wenn die Standpunkte verschiedener Denkrichtungen sich annähern würden und wenn dazu beigetragen werden könnte, daß juristische Begriffe und Formeln immer wieder an dem Erfahrungsgut der empirischen Wissenschaften überprüft werden. Das Bedürfnis, interdisziplinäre Gespräche zu führen und die Ergebnisse umzusetzen, ist unübersehbar.

Frankfurt, den 10. Februar 1983 J. Gerchow

Inhaltsverzeichnis

Mitarbeiterverzeichnis

Professor Dr. jur. G. Jakobs
Lehrstuhl f. Strafrecht und Strafprozeßrecht, Juristische Fakultät der Universität,
Universitätsstaße 31
8400 Regensburg

Professor Dr. med. W. Rasch
Institut für Forensische Psychiatrie der Freien Universität Berlin, Limonenstraße 27,
1000 Berlin 45

Professor Dr. med. Dr. jur. G. Schewe
Institut für Rechtsmedizin der Justus Liebig-Universität, Frankfurter Straße 58,
6300 Giessen

Professor Dr. med. Dr. rer nat. W. Schumacher
Geschäftsführender Direktor, Zentrum für Psychiatrie der Universität Giessen,
Mozartstraße 8
6300 Giessen

Professor Dr. phil. Dr. med. H. Wegener
Direktor des Instituts für Psychologie der Christian Alberts-Universität, Neue
Universität, Gebäude N 30
2300 Kiel

Wille und Freiheit –
juristische und medizinisch-psychologische Aspekte

G. Schewe

Was ist der Wille? Zunächst ist er ein „ursprünglich-letztes seelisches Phänomen", das nur umschrieben, aber nicht eigentlich definiert werden kann. Ein Kennzeichen des willensbestimmten Handelns ist die „Finalität" oder Zweckhaftigkeit: Der Mensch kann aufgrund seines Wissens um ursächliche Zusammenhänge die Folgen seines Handelns in bestimmtem Umfange voraussehen, sich Ziele setzen und seine Handlungen planvoll auf diese Ziele hin lenken. Welzel (1967) sagt: Er kann das äußere Kausalgeschehen „final überdeterminieren". Finale Tätigkeit ist also ein bewußt vom Ziel her gelenktes Wirken, während das reine Kausalgeschehen nicht vom Ziel her gesteuert wird, sondern zufällige Resultante der jeweils vorliegenden Ursachen ist. Willensbestimmtes Handeln zeichnet sich also durch seine „Finalität" gegenüber den „blinden, sinnindifferenten Kausalprozessen" der unbelebten Natur aus. Wir können – in Grenzen – mit dem Willen Umweltvorgänge steuern und „beherrschen". Der Wille kann sich dabei an übergeordneten Sinn- und Wertvorstellungen orientieren.

Wir meinen aber, durch unseren Willen nicht nur das äußere Kausalgeschehen steuern zu können, sondern auch unsere eigenen Antriebe. Wir meinen, in gewissen Grenzen sind wir in unserem Tun und Lassen frei. Wir verbinden mit dem Willensbegriff also eine gewisse Vorstellung von „Freiheit" und können sagen: Beim Willen gibt es einen „Finalitätsaspekt" und einen „Freiheitsaspekt".

Vor allem die Freiheitsfrage ist seit jeher umstritten gewesen. Unter ganz unterschiedlichen Gesichtspunkten und mit ganz unterschiedlichen Argumenten wurde immer wieder bezweifelt, daß es überhaupt einen „freien Willen" gebe. Schon im Mittelalter war darüber diskutiert worden, ob und wie denn ein freier Wille mit der Allmacht Gottes zu vereinbaren wäre. Die extremen Gegenpositionen sind der „Indeterminismus", der vom „freien Willen" ausgeht, und der „Determinismus", der den Willen wie alle übrigen Vorgänge dieser Welt für „determiniert" hält. Seit Beginn der Neuzeit wurde dem Indeterminismus der „Determinismus" als „Kausalmonismus" gegenübergestellt, nach dem alle Vorgänge und damit auch der Wille durch das Gesetz von Ursache und Wirkung bestimmt sein sollen. Dem kausalmonistischen Denken verpflichtet sind vor allem die Naturwissenschaften. So sagt der Neurologe John Eccles: Die Neurologie strebt eine Theorie an, nach der es im Prinzip möglich sein soll, eine erschöpfende kausale Erklärung des gesamten Verhaltens von Tier und Mensch zu geben.

Eccles (1977/78) selbst macht aber schon Einschränkungen: Eine solche Theorie sei zwar für alle automatischen und unbewußten Abläufe angemessen. Sie genüge aber nicht mehr, um höhere Formen der Bewußtseinsleistung im menschlichen Gehirn zu verstehen. Denn dann könnte das Bewußtsein die Hirnfunktionen gleichsam nur ablesen. Das Bewußtsein – wir können hinzufügen: und der Wille – wären gleichsam nur

Epiphänomene materieller Strukturen; das Subjekt wäre durch die im Gehirn ablaufenden Kausalprozesse vollständig determiniert. „Bewußtsein" und „Wille" wären als bloße Nebenprodukte dieser zerebralen Prozesse nur eine Täuschung.

Eccles führt dagegen eine „Reductio ad absurdum" von Popper an: „Der physikalische Determinismus ist eine Theorie, die, wenn sie wahr ist, mit Argumenten nicht bestritten werden kann"; denn alle unsere Bewußtseinsinhalte, Argumente und Meinungen könnten dann letztlich nichts anderes sein als der Ausdruck rein physikalischer Ursachen: „Rein physikalische Ursachen, einschließlich unserer physikalischen Umwelt, würden uns dann also veranlassen, zu meinen oder für wahr zu halten, was immer wir meinen oder für wahr halten", und — so kann man hinzufügen —: freiwillig wollen zu glauben, was immer wir wollen müssen.

Nun kann man an die Stelle des „physikalischen Determinismus" eine ganze Reihe anderer Determinismen setzen, z.B. den „theologischen Determinismus" der Prädestinationslehre oder einen soziologischen Determinismus, der an die Stelle physikalischer die gesellschaftlichen Ursachen setzt, oder eine psychoanalytischen, der „das Unbewußte" als Determinante allen menschlichen Denkens und Handelns ansieht. Und man kann dem jedesmal eine ähnliche Reductio ad absurdum entgegenhalten: Wenn Bewußtsein und Wille nichts als bloße Epiphänomene oder Nebenprodukte physikalisch oder sozial oder vom Unbewußten her determinierter Vorgänge wären, dann könnte auch das richterliche Handeln nichts anderes sein. Im Strafrecht heißt es, man müsse an die Verantwortlichkeit des Menschen anknüpfen. Ironisch: „Der freie Wille sei eine staatsnotwendige Fiktion", oder paradox ausgedrückt: „Wir sind zum Indeterminismus determiniert".

Etwas weniger abstrakt, etwas realistischer und relativierend, wird wohl überwiegend von einem „relativen Indeterminismus" ausgegangen: Wenn der Willensakt durch nichts determiniert wäre als durch sich selbst, könnte der spätere Willensakt mit dem früheren nicht zusammenhängen, auch nicht über ein identisches Subjekt, weil er ja sonst determiniert wäre. Dann aber könnte man wiederum das Subjekt nicht für seine Taten verantwortlich machen. — Danach wäre der menschliche Wille in Grenzen frei, in Grenzen determiniert zu denken.

Bei alledem zeichnet sich aber schon ab, daß es kaum noch um objektivierbare Erkenntnisse geht, sondern weit eher um die Frage, wie der Mensch oder die menschliche Gesellschaft sich selbst sieht und mit sich selbst umgeht.

Wie sich die Auffassung über die Freiheit des Willens über das Strafrechtsdenken bis hin zum Bau von Zuchthäusern und Gefängnissen auswirkt, hat Schmidt eindrucksvoll dargestellt: Im Strafrechtsdenken des 19. Jahrhunderts etablierte sich im Gefolge der idealistischen These vom „freien Willen" nach Kant und Hegel ein extremes Schuld–Sühne–Denken, das dem Straftäter allein die volle Schuld und Vergeltung zuteilte. Hegel verstand Strafe als „Negation der Negation des Rechts"; mit ihr sollte der Verbrecher als „Vernünftiges geehrt" werden. Konsequenzen waren — wo nicht Todesstrafe — Einzelhaft und Zwingburgen. Schmidt nennt die Gefängnisse, die aufgrund dieses Denkens entstanden, „Stein gewordene Riesenirrtümer". — Aus heutiger psychoanalytisch-sozialkritischer Sicht zeigt sich darin ein korrespondierendes Verhältnis von idealistischer Selbsterhöhung und Verdrängung, wie es z.B. Richter (1979) im einzelnen dargestellt hat: In der idealistischen These vom „freien Willen" kommen Selbsterhöhungstendenzen zum Ausdruck; ihre „Kehrseite" erscheint als „Verdrängung" und

2

angstbesetzt-aggressive Abwehr dessen, was das vorgestellte und angestrebte Idealbild bedroht. – Inzwischen hat man erkannt, daß „der Wille" so frei nicht ist; man beobachtet einen gegenläufigen Prozeß. So sagt Mitscherlich: „Es gibt keine Willensfreiheit. Sie ist eine infantile Erfindung der Selbstidealisierung. Wir alle, auch die Rechtsbrecher, stehen unter Verhaltenszwang." (Mitscherlich, zitiert nach Haddenbrock 1972, S. 885) Hier zeichnet sich ein Ausschlag des Pendels nach der anderen Richtung ab. Immer mehr akzentuiert man die Verantwortung der Gesellschaft.

Unbestreitbar hat die kriminologisch-soziologische und psychoanalytische Kritik den Blick für die gesellschaftliche Bedingtheit von Kriminalität und für die Mitverantwortung der „strafenden Gesellschaft" geschärft: Man erkennt, daß nicht *nur* der „freie Wille" des Straftäters Kriminalitätsursache ist, sondern daß Kriminalität – *auch* – als Symptom einer Störung der Gesellschaft verstanden werden muß. – Aber der Straftäter ist deshalb nicht bloße „Durchgangsstation für psychosoziale Wirkungszusammenhänge": Da die Verantwortlichkeit der Gesellschaft nur auf der Verantwortlichkeit ihrer einzelnen Mitglieder beruhen kann, muß auch die Beurteilung eines Straftäters zunächst von der Verantwortlichkeit des Täters ausgehen und dann Einschränkungen durch gesellschaftliche, konstellative, situative und psychische Besonderheiten berücksichtigen. Auch die Reaktion auf die Straftat muß im „Normalfall" an die Verantwortlichkeit des Täters anknüpfen. Allerdings wird der „Normalfall", in dem die Verantwortlichkeit des Täters in gleicher Weise wie die der anderen Mitglieder der Rechtsgemeinschaft vorauszusetzen ist, allzu leicht nur als Legitimation zu einseitiger „Schuldzuteilung" verstanden. Gerade im „Normalfall", in dem die Einschränkung oder Aufhebung der Schuldfähigkeit nicht zur Diskussion steht, muß aber die Mitverantwortung der Gesellschaft zum Ausdruck kommen. Das hieße insbesondere: bei der Ausgestaltung des Regelstrafvollzuges.

Aber wenden wir uns dem engeren juristischen Bereich zu: Es scheint zunächst, für den Richter ergäben sich aus den widerstreitenden Auffassungen zum Problem der Willensfreiheit keinerlei Konsequenzen: Sarstedt berichtete, auch in jahrzehntelanger Arbeit mit Kollegen habe es in Diskussionen noch nie eine Rolle gespielt, ob jemand Determinist oder Indeterminist sei.

Abgrenzung strafrechtlich relevanter Handlungen von rechtlich irrelevanten Körperbewegungen

Praktische Relevanz für die Rechtsprechung haben zunächst ganz andere Aspekte des Willensproblems, wie sie in dem Begriffspaar „Kausalität – Finalität" angedeutet wurden. Juristisch geht es um die Abgrenzung strafrechtlich relevanter „Handlungen" von rechtlich irrelevanten Körperbewegungen. Das Problem ist folgendes: Die Tötung eines Menschen durch Erdbeben oder Blitzschlag ist ganz offenbar ein rechtlich irrelevanter außermenschlicher Kausalprozeß. Nun kann aber der menschliche Körper einem herabstürzenden Stein vergleichbar sein, etwa wenn ein Mensch bewußtlos, im epileptischen Anfall, von einem Baugerüst herabstürzt und mit seinem herabfallenden Körper einen anderen tötet. Es ist kein Grund ersichtlich, ihn dann strafrechtlich anders zu behandeln als einen herabstürzenden Stein, also als den Teil eines Kausalprozesses im Bereich der unbelebten Materie. Man kommt also zu dem Schluß: Körperbewegungen, die nicht auf dem menschlichen Willen beruhen, sind juristisch ebenso irrelevant wie Erdbeben, Stein- oder Blitzschlag.

Der weitere Schritt (ich bitte um Nachsicht für das Beispiel, aber das Problem läßt sich mit etwas konstruktiver Phantasie besser veranschaulichen): Doktor Mabuse löst an einem Bewußtlosen mit dem Reflexhammer einen Patellarsehnenreflex aus; die „Reflexbewegung" des Unterschenkels schaltet eine Apparatur ein, die mit einem Stromstoß einen Dritten tötet. — Der Bewußtlose hat offensichtlich keine willentliche Körperbewegung ausgeführt; bei ihm ist nur eine „Reflexbewegung" ausgelöst worden. Statt des Patienten hätte auch ein Hebel oder eine recht primitive Apparatur zwischengeschaltet sein können. Als weitere Schlußfolgerung für das Strafrecht ergibt sich also: Strafrechtlich irrelevant sind nicht nur solche Kausalprozesse, in denen der menschliche Körper wie ein Stück unbelebter Materie erscheint, sondern auch spontane Körperbewegungen, soweit sie „Reflexbewegungen" sind. Denn auch sie scheinen offenbar nur dem Gesetz von Ursache und Wirkung zu unterliegen und sind nicht vom Willen gesteuert. Die Unterscheidung zwischen strafrechtlich irrelevanten und strafrechtlich relevanten Körperbewegungen entspräche danach der Unterscheidung zwischen nicht willensgesteuerten „Reflexbewegungen" und willensgesteuerten Körperbewegungen, den „Handlungen" im strafrechtlichen Sinne.

Viele Jahrzehnte lang erschien diese Differenzierung unproblematisch. Inzwischen hat sich aber herausgestellt, daß es damit seine Schwierigkeiten hat.

Sie werden andeutungsweise erkennbar an folgendem Beispiel:

Der Angeklagte war in leicht alkoholisiertem Zustande (1,6%o) mit einem Zechgenossen einem Mädchen nachgegangen und ließ den Begleiter dann zurück mit dem Bemerken: „Ich will die umlegen". Vor der Haustür packte er das Mädchen mit einem kräftigen Griff am Hals und versuchte, es zu küssen. Als es sich losmachen konnte und schrie, riß er ihr die Handtasche weg und lief damit fort. Er wurde wegen Straßenraubes angeklagt.

Der Gutachter, der den Angeklagten wegen eines fraglichen Anfallsleidens klinisch untersucht hatte (wir wurden nur zur Blutalkoholkonzentration gehört), kam zu dem Ergebnis, der Angeklagte sei für seine Tat voll verantwortlich. Die Tat selbst wurde als „Übersprunghandlung" interpretiert; die Wegnahme der Tasche sei „unbewußt", „reflexartig" geschehen.

Darauf erklärte das Gericht dem erstaunten Sachverständigen, wenn es seinem Gutachten wirklich folgen würde, müßte es den Angeklagten freisprechen, oder aber es müßte einen weiteren Gutachter hinzuziehen — ob denn der Angeklagte wirklich ganz „unbewußt" und im strengen Sinne „reflexartig" gehandelt habe. Man gab sich dann mit der Erklärung des Sachverständigen zufrieden, es habe sich nicht im strengen Sinne um eine Reflexbewegung gehandelt, und als völlig unbewußt sei der Ablauf auch nicht anzusehen.

Ähnlich berichtete Rasch (1964) von „quälenden Sachverständigendebatten", wenn bei Affekttaten Begriffe wie „unbewußt" oder „unwillkürlich" vor Gericht auftauchen. Vom Ergebnis her ist klar, daß es sich nicht um Abläufe handeln kann, die den außermenschlichen Kausalprozessen gleichstehen. Irgendwie wird man aber damit fertig, wie unser Beispiel gezeigt hat.

Größere Schwierigkeiten ergeben sich schon bei Fehlreaktionen im Straßenverkehr. Bekannt geworden ist der „Kleintierfall", den das Oberlandesgericht Frankfurt (VRS 65, 365, 1956) zu entscheiden hatte:

Eine Kraftfahrerin hatte durch ein „unwillkürliches" Ausweichmanöver vor einem plötzlich die Fahrbahn kreuzenden Kleintier von der Größe eines Hasen einen für die Beifahrerin tödlichen Unfall herbeigeführt. Das Oberlandesgericht hatte sich in die psychologische Literatur vertieft, hatte daraufhin das Verhalten juristisch als „Handlung" qualifiziert und die Fahrerin wegen fahrlässiger Tötung verurteilt. Der Bundesrichter Spiegel hatte sich skeptisch zu dieser Behandlung medizinisch-psychologischer Fragen und Begriffe geäußert; man könne unterschiedlicher Meinung darüber sein, ob noch eine „Handlung" vorliege; auch zugezogene psychologische Sachverständige würden bei der Einordnung solcher Verhaltensweise nicht unbedingt übereinstimmen.

Hier schlägt also ein Oberlandesgericht in psychologischen Abhandlungen nach, erwägt ein Bundesrichter die Zuziehung eines oder gar mehrerer psychologischer Sachverständiger — logisch konsequent dies alles, soweit es um die Unterscheidung von „willkürlichen" Handlungen und „Reflexbewegungen" geht. — Aber worüber soll denn die psychologische Abhandlung, worüber sollen denn die psychologischen Sachverständigen *der Sache nach* befragt werden und möglicherweise sogar entscheiden? — Nicht etwa über Verschuldensfragen, sondern darüber, ob ein Oberlandesgericht den Fall überhaupt juristisch untersuchen darf oder ob es ihn für strafrechtlich ebenso irrelevant zu halten habe wie die Tötung eines Menschen durch Blitzschlag oder Erdbeben.

Aber nehmen wir ein anderes Beispiel:

Beim Renault R 4 liegt der Rückwärtsgang da, wo beim normalen 4-Gang-Getriebe der 1. Gang liegt, wenn auch auf einer anderen Ebene. Nun ist es mir passiert, als ich zum ersten Mal mit dem Wagen meiner Frau fuhr, daß ich „automatisch" an einer Ampel den Rückwärtsgang einlegte.

Sicher war das „unwillkürlich" — aber ganz offenbar wäre es unsinnig, den Vorgang den außermenschlichen Kausalprozessen gleichzuachten und für juristisch irrelevant zu erklären wie Erdbeben oder Blitzschlag. Es wäre aber auch unsinnig, wenn hier ein Richter erst noch einen Sachverständigen so lange befragen müßte, bis der sagt, das sei keine "Reflexbewegung", sondern ein „willkürlicher Vorgang" gewesen.

Dies alles könnten aber eigentlich keine Abgrenzungsfragen mehr sein, wie sie zwischen Juristen und Sachverständigen sinnvollerweise zu diskutieren wären. Offensichtlich soll doch der Handlungsbegriff nur einer allergröbsten Vorsortierung dienen und klären, ob ein Gericht den Fall überhaupt untersuchen muß oder nicht! Könnte man nicht eigentlich erwarten, daß dies ein ganz unproblematischer, ja primitiver und zugleich eminent „juristischer" Vorgang sei, der auch dem schlichteren Richter keinerlei Schwierigkeiten bereiten dürfte?

Wir müssen noch einmal zurückblicken auf das eingangs Gesagte und fragen: Verläuft die Grenze zwischen „reinen Kausalprozessen" und zielgerichteten, finalen Bewegungsabläufen tatsächlich an der „Bewußtseinsschwelle", an der sich „willkürliche" und „unwillkürliche" Körperbewegungen scheiden? Gibt es hier überhaupt eine scharfe Grenze?

Geht man vom „Willen aus", so muß man bei genauerem Zusehen mit Kretschmer feststellen, „daß es jede Übergangsstufe gibt von den niedersten Motilitätsvorgängen ohne das mindeste Bewußtseinskorrelat über die psychischen Reflexe und Gewöhnungen mit andeutungsweisem und unsicherem Ich-Charakter bis zu den eigentlichen Willenshandlungen mit eindeutig positiver und klar differenzierter seelischer Beteiligung am Bewegungsakt". Das heißt aber: Die Anwendung des Willensbegriffs auf einen bestimmten Bewegungsablauf ist kein reiner Erkennungsvorgang — sie hängt vielmehr von einem wertenden Ähnlichkeitsurteil ab, bei dem der betreffende Bewegungsablauf mit einem irgendwie vorgestellten Idealtypus der „willensgesteuerten Handlung" verglichen wird.

Wir können jetzt versuchen, dem Abgrenzungsproblem von der anderen Seite, vom Reflexbegriff her, näherzukommen: So wie wir in unserem Beispiel von Dr. Mabuse und dem Patellarsehnenreflex die Zusammenhänge dargestellt haben, erscheint der

Organismus tatsächlich nur als eine „Durchgangsstation für eine Kausalkette". Der Reflexbogen wäre nur ein Tunnel durch den Organismus, den eine physikalische Wirksubstanz als „Reiz" betritt, als „Erregung durchfährt" und als „Reaktion" wieder verläßt. Ein unterschiedliches Verhältnis zwischen Reizstärke und Stärke der Reaktion könnte durch den Begriff der „Auslösung" erklärt werden: Der Hauptanteil der Energie läge im Organismus bereit; dieser wäre vergleichbar einem Schaukelpferdautomaten, in den man einen Groschen steckt. Es bestünde keine sachlich-inhaltliche Beziehung, kein sinnvoller Zusammenhang zwischen Reiz, Reaktion, Organismus und Umwelt; die Bewegung wäre ausschließlich von der zufälligen Konstruktion des Mechanismus abhängig.

Dieses wäre der rein kausal verstandene Reflexbegriff, der der strafrechtlichen Konzeption in idealer Weise zu entsprechen schien. Die Beschreibung stammt freilich von dem Gestaltpsychologen Metzger (1963), der sie bewußt etwas ironisch gefärbt hat.

Dieser rein kausal verstandene Reflexbegriff war ursprünglich Ausgangspunkt für die Untersuchungen der kausalistisch-mechanistischen Bewegungslehre der Physiologie des vorigen Jahrhunderts. Aber ihr Versuch, die gesamte Motorik als rein kausalitätsbestimmte Reflexmachinerie darzustellen, scheiterte an der „regulierenden Anpassung" oder „regulativen Plastizität": Trotz verschiedener Anstöße traten gleiche Folgen ein, etwa bei der Fortbewegung, und gerade diese Variationen waren für die Erhaltung und Fortpflanzung das Ausschlaggebende. Man hat auch dies mit dem Konzept des kausalen Verständnisses in Einklang zu bringen versucht, indem man für Sondersituationen bereitliegende Sonderreflexe annahm. Aber das mußte schließlich auf das Postulat einer „prästabilierten Totalentsprechung" von Organismus und sämtlichen möglichen Situationen seiner Umwelt hinauslaufen. Deshalb sah man sich auch hier an den Grenzen des kausalen Verständnisses angelangt; denn Anpassung der Bewegung an einen Erfolg, ein Ziel, konnte doch nur bedeuten, daß die Bewegung von etwas Erwartet-Künftigem her mitbestimmt, geformt und gesteuert wird. Das heißt aber, daß diese „Ursache" der Steuerung noch gar nicht geschehen ist, sondern in der Zukunft liegt — also gar keine Ursache sein kann. Danach blieb nur die Möglichkeit, daß ein „übermaterieller Faktor" regulierend und steuernd eingriffe. Von Weizäcker (1950) nennt ihn auch „Bewußtseinsfaktor".

Mit diesem „Bewußtseinsfaktor" haben wir aber etwas ganz Neues vor uns: Dieser „Bewußtseinsfaktor", der die Bewegung auf etwas Erwartet-Künftiges hinsteuert, auf einen Erfolg oder ein Ziel, ist noch keineswegs identisch mit dem, was wir unter „bewußter" oder „willentlicher" Steuerung oder unter willensgesteuertem, zielgerichtetem Handeln verstehen. Eine deratige regulierende Anpassung, „eine Art Sinn oder teleologisches Prinzip", wie Jaspers (1965) es nennt, wies der Physiologe Sherrington schon 1906 bei so peripheren und „unbewußten" Reflexen wie dem Patellarsehenenreflex nach. Hier erscheint also nicht allein die „willensgesteuerte Handlung" als das Gegenstück zu den reinen Kausalprozessen, sondern die Finalität, die Zielgerichtetheit. Finalität ist also kein Privileg der höchsten Bewußtseins- und Willensvorgänge, sondern auch in den niederen Motilitätsvorgängen noch nachweisbar. — Lorenz (1965) bemerkt zu diesem Kausalitäts-Finalitäts-Problem, daß die Grenze des „subjektiven Erlebens" oder des „Psychologischen" keineswegs eine horizontale Trennungslinie zwischen rein kausalen und finalen Bewegungsvorgängen bildet, wie gemeinhin angenommen wird. Vielmehr gibt es diese problematische Grenze zwischen Finalität und Kausalität ebenso bei den höchsten wie bei den niedersten Bewegungsabläufen. Sie verläuft „vertikal, von ganz unten bis ganz oben durch das Lebensgeschehen hindurch". Allerdings kommt jener allgemein verbreiteten Annahme einer „horizontalen Schranke" zwischen Finalität und bewußtem Willen einerseits, Kausalität und Unbewußtheit andererseits insofern eine gewisse „praktische Richtigkeit" zu, als das Moment der regulativen Anpassung bei niederen Motilitätsvorgängen für die meisten praktischen Ziele nicht ins Gewicht fällt.

Für die juristische Unterscheidung zwischen „Handlung" und „Reflexbewegung" bedeutet das, daß wir auch von der „Reflexbewegung" aus keine Erkenntnis über eine „objektiv richtige Lösung" finden können, sondern wir stehen wieder vor der Frage, wie wir bei einer wertenden Entscheidung zwischen diesen gleitenden Übergängen eine sachgerechte Abgrenzung treffen können.

Für den Psychiater oder Psychologen oder den Philosophen, der sich mit dem „Willen" befaßt und die subjektiven Erlebnisqualitäten oder die Freiheitsgrade untersucht, ist diese „praktische Grenze" i. allg. offenbar weit eher erreicht als für den Physiologen, der die Grenzen des kausalen Verständnisses sucht. Und sie ist für den Psychologen oder Psychiater offenbar eher erreicht als für den Juristen, der mit Begriffen wie „Wille" und „Reflexbewegung" zwischen juristisch relevanten „Handlungen" und juristisch irrelevanten Bewegungsabläufen unterscheiden will, die den außermenschlichen Kausalprozessen wie Erdbeben oder Blitzschlag gleichzuachten sind.

Zur Festellung einer „Handlung" im strafrechtlichen Sinne muß es genügen, wenn eine augenfällige umwelbezogene finale Steuerung vorliegt. Das Moment der Finalität kann juristisch vernachlässigt werden, wo die regulative Anpassung praktisch nicht mehr ins Gewicht fällt. Das bedeutet aber nicht, daß der Bewegungsablauf ein reiner Kausalprozeß *ist*, sondern daß er *wie* ein reiner Kausalprozeß *bewertet wird*, weil es sinnlos wäre, mit ihm weitere juristische Untersuchungen anzustellen.

Finalität, soweit sie im menschlichen Verhalten zur sozialen Umwelt in Erscheinung tritt, ist also nicht notwendig ein psychologisches, sondern in erster Linie ein äußeres Kennzeichen eines Bewegungsablaufes. Sie kann, muß aber nicht notwendig mit dem subjektiven Erlebnis der Freiheit, der Beweußtheit oder der Willkürlichkeit einhergehen. Finalität ist i. allg. auch äußerlich ohne weiteres erkennbar und kann nur dort einem reinen Kausalprozeß gleichgesetzt werden, wo das „finale" Moment praktisch vernachlässigt werden kann, wie etwa beim Patellarsehnenreflex. Bei jenem berühmten „Kleintierfall" handelte es sich aber ganz offensichtlich um ein „finales" Ausweichmanöver. — Daß es mißglückt ist, daß die Frage der Vermeidbarkeit zu diskutieren bleibt, liegt auf der Hand — aber das ist keine Frage der juristischen Relevanz oder Irrelevanz: Ob die Fahrerin bei gehöriger Aufmerksamkeit den Unfall hätte vermeiden können, ist eine juristisch durchaus relevante Frage des Verschuldens.

Beim Handlungsbegriff schien also zunächst die Frage zu sein, ob der Täter überhaupt irgendetwas „gewollt" hat. Bei näherem Zusehen stellten wir fest, daß es aber im Grunde nicht um die „psychologische" Seite des Willensproblems und um das „Wollen" geht, sondern nur um die „Finalität" im Gegensatz zur reinen Kausalität.

Willensbegriff bei der juristischen Definition des Vorsatzes

In einem anderen Zusammenhang taucht der Willsbegriff bei der juristischen Definition des Vorsatzes auf, der kurz als „Wissen und Wollen der Tat" gekennzeichnet wird.
Auch hier sieht das Problem auf den ersten Blick ganz einfach aus: Wenn jemand mit
Bedacht und nach sorgfältigem Zielen einen Schuß abgibt, durch den ein Mensch getötet wird, so ist es juristisch zweifellos von eminenter Bedeutung, ob der Schütze mit
Bedacht auf diesen Menschen gezielt hat, um ihn zu töten, oder ob er nur mit Bedacht
auf einen Spatzen gezielt und den Menschen versehentlich getötet hat. „Gehandelt"
hat er zweifellos, aber im ersteren Fall wäre es eine vorsätzliche Tötungshandlung, im
letzteren Falle allenfalls eine fahrlässige Tötung, wenn der Schütze seine Sorgfalts-
pflicht verletzt hätte. Würde man den inzwischen wohl problematisch gewordenen
Willensbegriff verwenden, ließe sich sagen: Standen wir bei dem Handlungsbegriff vor
der Frage, *ob* die betreffende Körperbewegung überhaupt „gewollt" war, so stehen wir
beim Vorsatzbegriff vor dem Problem, *was* denn der Täter mit der Körperbewegung
gewollt oder bezweckt hat — ob er den durch sie verursachten Erfolg auch tatsächlich
herbeiführen wollte oder nicht.

Unter Juristen ist schon umstritten, ob der Vorsatz als „Wissen und Wollen" der Tat
zu charakterisieren ist. Das nimmt die „Willenstheorie" an; die „Vorstellungstheorie"
meint dagegen, daß man im eigentlichen Sinne nur die Handlung und den Erfolg wollen
könne, nicht aber die der Tat vorgegebenen Umstände. Die Willenstheorie entgegnet
dem, daß der Wille an eine bestimmte Handlungsituation anknüpft und sie insoweit
umschließt.

Probleme sieht man vor allem in der Abgrenzung von Vorsatz und Fahrlässigkeit.
Dazu folgendes Beispiel:

Der Täter steckt ein Haus an, um die Versicherungssumme zu erlangen. Dabei kommt eine
Bewohnerin ums Leben. War sie gelähmt und wohnte im oberen Stock, so hat der Täter die als
unvermeidlich erkannte Nebenwirkung offensichtlich „mit gewollt". War die Bewohnerin gesund
und wohnte sie im unteren Stockwerk, so wird es als „Dolus eventualis" oder „bedingter Vorsatz" angesehen, wenn der Täter mit ihrem Tode rechnete und trotzdem gehandelt hat; hatte er
aber darauf vertraut, daß sie nicht umkomme, dann soll kein Vorsatz, sondern nur Fahrlässigkeit
vorliegen. Die „Vorstellungstheorie", nach der der „Wille" nicht zum Vorsatz gehören soll, stellt
darauf ab, ob der Täter den als möglich vorgestellten Erfolg.für wahrscheinlich hält.

Die Literatur über dieses Problem der Abgrenzung von Vorsatz und Fahrlässigkeit
ist kaum noch übersehbar. Nur: Bei den sog. Affekt- und Augenblickstaten erlebt man
es allzu häufig, daß der Täter hinterher gar nicht sagen kann, was er sich gedacht oder
vorgestellt hat, oder daß er glaubwürdig versichert, er habe sich überhaupt nichts gedacht oder vorgestellt. Auch im psychiatrischen Schrifttum oder in Gutachten ist nicht
selten von „unwillkürlichen", „unbewußten" oder „automatischen" Abläufen die
Rede.

Könnte man dann aber nicht die Affekt- und Kurzschlußhandlungen samt und
sonders allenfalls als Fahrlässigkeitsdelikte qualifizieren — auch wenn der Täter etliche
tödliche Schüsse auf das Opfer abgegeben hat? — Tatsächlich ist diese Meinung ge-
legentlich vertreten worden. Aber die Rechtsprechung sieht in derartigen Handlungen
Vorsatztaten, und wohl auch zu Recht: Sie sind sicher nicht vergleichbar mit dem Fall,
in dem jemand eigentlich einen Spatzen schießen und unabsichtlich einen Menschen
getroffen hat. Sie sind auch nicht vergleichbar mit dem „unwillkürlichen" Ausweich-

manöver der Kraftfahrerin in dem schon erwähnten „Kleintierfall" des OLG Frankfurt
— selbst wenn man davon ausginge, die „Ausweichreaktion" sei in gleichem Maße
„unwillkürlich" erfolgt wie die Abgabe der Schüsse.

Gesetzt, beide Handlungen ließen sich in ungefähr gleicher Weise als „unwillkürlich"
bezeichnen — worin bestünde der entscheidende Unterschied? — Offensichtlich doch in
der Zielrichtung, in der „äußeren Finalität": Das Verhalten der Kraftfahrerin ist darauf
gerichtet, einen Zusammenstoß mit dem Kleintier zu vermeiden; die Schüsse sind auf
das Opfer und die Tötung des Opfers gerichtet. Und wie erkennen wir dies? — Offensichtlich nicht daran, daß uns die Seelenvorgänge und subjektiven Erlebnisse der
Handelnden im Moment der Tat einsichtig geworden sind, sondern an dem äußeren
Gepräge des Ablaufs.

Wir können also — zumindest in gewissen Grenzen — nicht nur dem äußeren Ablauf
ansehen, *daß* er final gesteuert und zielgerichtet ist, sondern wir können auch feststellen und sozusagen „inhaltlich bestimmen", *auf welches Ziel* er gerichtet ist.

Man kann das nicht nur bei niederen Motilitätsvorgängen wie beim Wischreflex
feststellen, die unabhängig vom Willen verlaufen, sondern auch bei niederen Lebe-
wesen, über deren subjektives Erleben wir nichts wissen: Wir sehen, wie eine Fliege
gegen das Fenster fliegt und denken ganz ohne alle Tierpsychologie: „Die will raus."
Wir fordern unseren Hund auf, einen weggeworfenen Stock zu apportieren, und sehen
es ihm ohne weiteres an, wenn er sich voll Eifer bemüht und den Stock „versehentlich"
verliert, aber ebenso, wenn er ihn „vorsätzlich" fallen läßt. Dann denken wir: „Der
Schlingel will ja nicht." — Auch bei „unwillkürlichen", „automatischen" oder „kurz-
schlüssigen" menschlichen Verhaltensweisen kann man im allgemeinen die Zielrichtung
viel eher erkennen und eher etwas über sie aussagen als über die sie begleitenden und
ihr vorausgegangenen subjektiven Bewußtseins- und Willensvorgänge.

Schon beim Handlungsbegriff wurde festgestellt: Subjektiv als „bewußter Wille"
erlebte „Finalität" ist nur ein Sonderfall der Finalität. Finalität ohne dieses Korrelat
subjektiven Erlebens gibt es auch bei niederen Motilitätsvorgängen des menschlichen
Organismus und bei niederen Tieren. Finalität kann — auf den höchsten Organisationsstufen mit dem entsprechenden Bewußtseinskorrelat — ein sehr differenzierter und
komplexer Vorgang sein; im Bereich niederer menschlicher Motilitätsvorgänge mutet
sie vergleichsweise „primitiv" an; wir wissen nichts über Bewußtseinskorrelate und
können sogar vermuten, daß es sie nicht gibt. Das Rätsel des Verhältnisses von Finalität
und Kausalität bleibt gleichwohl ungeklärt — Nicolai Hartmann (zitiert nach Lorenz
1965) nennt es ein a-logisches Verhältnis. — Aber nicht nur die Finalität kann in dem
bezeichneten Sinne ein ganz „primitiver" Vorgang sein, sondern auch die „inhalt-
liche" Bestimmung und Feststellung der Zielrichtung und des Zieles kann gegenüber
der Feststellung eines subjektiven Erlebniskorrelats der einfachere, primitivere Vorgang sein.

Als Beispiel ein Fall, über den Bürger-Prinz (1950) berichtet hat:

Ein Jüngling führt eine letzte Aussprache mit seinem Mädchen herbei in der allgemeinen Einstellung, das Mädchen und sich selbst zu töten, wenn es nicht gelingt, sie zur Rückkehr zu bewegen. Als er sie tötet, erscheint eine dritte Person, die durch die Schüsse aufgeschreckt wurde,
und der Jüngling erschießt auch sie.

Bürger-Prinz bemerkt dazu, „daß hier im hochgespannten Affekt die Handlung sich
gewissermaßen verbreiterte und Kreise zog, die außerhalb der Steuerungsmöglichkeit
des Täters lagen".

Es ist offensichtlich, daß hier nur die Möglichkeit der „Selbststeuerung" gemeint sein kann, denn auf der „Außenseite" *ist* die Handlung „gesteuert". Sie ist unzweifelhaft auf Tötung der hinzukommenden dritten Person gerichtet.

Könnten wir den Täter fragen, er würde nicht sagen können, was und ob er überhaupt gewollt hat; wir können nur feststellen, sein Handeln war auf die Tötung der Hinzukommenden „gerichtet".

Von der strafrechtlichen Definition des „Vorsatzes" als „Wissen und Wollen der Tat" bliebe danach kaum etwas übrig. Aber wenn die Rechtsdogmatik an ihrem alten Vorsatzbegriff festhalten will, so wird sie gewiß auch diesen Fall lösen können. Man „schließt" eben einfach aufgrund des äußeren Vorganges, der Täter habe die Tötung „gewollt"; er habe sich erst den Tod der hinzukommenden dritten Person vorgestellt, dann auf sie gezielt und in der Absicht geschossen, diesen vorgestellten Tod herbeizuführen. – Das erscheint auch demjenigen „logisch zwingend", der „Finalität" nur als bewußtes, willensgesteuertes menschliches Verhalten kennt; denn für ihn wäre natürlich der Schluß von der „äußeren Finalität" auf den subjektiv erlebten „bewußten Willen" unabweislich.

Mißverständnisse zwischen Psychologen oder Psychiatern und Juristen gibt es vor allem deshalb, weil die Psychologie unter „Vorsatz" ganz etwas anderes versteht: Sie meint damit einen höchst reflektierten Vorgang, etwa im Sinne einer „Vorsetzung".

Auch wenn der juristische Vorsatz primär die „äußere" Finalität meint, kann die Feststellung im konkreten Fall in der Praxis immer noch erhebliche Schwierigkeiten machen, z.B. wenn im Streit oder im Affekt nur ein einziger Messerstich geführt wurde. Ich meine aber, wenn man nicht auf die „äußere Finalität" abstellen würde, sondern auf subjektive Vorstellungen und Willensvorgänge, ließen diese Schwierigkeiten sich im Grunde überhaupt nicht lösen.

Schuldfähigkeit und Zumutbarkeit

Wir wollen diese Fragen hier nicht weiter verfolgen, sondern uns einem neuen Aspekt des Willensproblems zuwenden: Bisher haben wir uns vor allem mit dem „Finalitätsaspekt" befaßt – bei der „Handlung" mit der Frage, *ob* überhaupt eine zielgerichtete Körperbewegung vorliegt; beim „Vorsatz" ging es darum, das Ziel der Handlung *inhaltlich* zu bestimmen. Die Frage, ob der Vorsatztäter auch aus „freiem" Willen gehandelt hat, wurde nur am Rande mit dem Ausdruck „Selbststeuerung" berührt. Im Strafrecht stehen für diese „Freiheitsfrage" die Bestimmungen über die Schuldfähigkeit und der Begriff der „Zumutbarkeit".

Im allgemeinen geht das Recht davon aus, daß der Mensch für sein Handeln verantwortlich ist. Seine Entscheidungsfreiheit kann aber von außen her – durch außergewöhnliche äußere Umstände – oder „von innen her" – durch psychische Störungen – beeinträchtigt sein.

Den Beeinträchtigungen der Entscheidungsfreiheit durch äußere Umstände hat das Gesetz in einigen speziellen Bestimmungen Rechnung getragen. Als „Entschuldigungsgründe" führt es z.B. den „Notstand" an, in dem eine Straftat begangen wurde, um eine Gefahr für Leib oder Leben abzuwenden, z.B. wenn ein Anwalt Mandantengelder weggibt, weil man ihm die Pistole vor die Brust hält. – Man hat solche Schuldausschließungsgründe, die an besondere äußere Bedingungen anknüpfen, unter dem umfassenden Aspekt der „Unzumutbarkeit normgemäßen Verhaltens" gesehen. Das Gesetz kennt nur wenige solche Bestimmungen; sie knüpfen aber an eng umschriebene Umstände und Situationen an. Man hat deshalb immer wieder gefordert, die „Unzumutbarkeit normgemäßen Verhaltens" als „allgemeinen übergesetzlichen Entschuldigungsgrund" anzuerkennen und dabei auf die „Motivationsfähigkeit des Durchschnittsmenschen" abzustellen. Überwiegend ist man heute aber der Auffassung, daß bei vorsätzlichen Straftaten ein solcher übergesetzlicher Entschuldigungsgrund nicht anerkannt werden kann, weil die „Unzumutbarkeit" kein brauchbarer Beurteilungsmaßstab wäre und weil man sonst den Gleichheitsgrundsatz und die Stabilität der Rechtsordnung für gefährdet hält.

Damit konzentriert sich das Freiheitsproblem im Strafrecht auf die Frage nach der Schuldfähigkeit. Die Rechtsordnung setzt im allgemeinen Schuldfähigkeit voraus und führt die Schuldunfähigkeit als Schuldausschließungsgrund an. Die Schuldfähigkeit wird grundsätzlich nur dann besonders geprüft, wenn dazu ein Anlaß besteht. Bei Kapitaldelikten ist allerdings diese Ausnahme praktisch zur Regel geworden. Zur Frage der Schuldfähigkeit wird fast immer ein Gutachter gehört. Von juristischer Seite wird aber immer wieder betont, daß der Sachverständige mit dem „Problem der Willensfreiheit" nichts zu tun habe, sondern dem Gericht nur Erfahrungen und Erkenntnisse aus dem „seinswissenschaftlichen" Bereich der Medizin und Psychologie zu vermitteln habe, damit der Richter aufgrund eigener Überzeugungsbildung über die Anwendung der Schuldfähigkeitsparagraphen entscheiden könne.

Sarstedts Feststellung (1968), der Richter begegne in der Rechtspraxis nicht dem Problem der „Willensfreiheit", findet damit eine ganz zwanglose Erklärung: Wo kein Anlaß besteht, die Frage der Schuldfähigkeit zu prüfen, geht man davon aus, der Täter sei verantwortlich für seine Tat. Man stellt nur noch fest, ob er vorsätzlich oder fahrlässig bewirkt hat, was ihm angelastet wird, und besondere persönliche oder äußere Umstände haben in den Strafzumessungserwägungen ihren Platz, soweit nicht ein besonderer Schuldausschließungs- oder Milderungstatbestand eingreift. Und wo man an der Verantwortlichkeit des Täters zweifelt, bildet man sich mit Hilfe der „seinswissenschaftlichen" Erkenntnisse des Sachverständigen eine Überzeugung darüber, ob die Schuldunfähigkeitsparagraphen anzuwenden sind oder nicht. — Es scheint, das „Problem der Willensfreiheit" ist weg; man hat es eliminiert wie ein geschickter Mathematiker eine störende Unbekannte aus einer Gleichung.

Aber möglicherweise verhält es sich damit eher wie mit den berühmten „verdrängten Komplexen"? — Ehrhardt (1967) bemerkt, in manchen Gutachten spielt das hintergründige Bekenntnis und der Glaube des Gutachters an die Unhaltbarkeit des Schuldprinzips eine gefährliche Rolle bei der Interpretation wissenschaftlicher Erkenntnisse. Pfäfflin (1978) dagegen führt die „zu weit reichende Identifikation mit dem Schuldstrafrecht" als Kriterium mangelhafter Gutachten an. Er könnte jedenfalls Ehrhardt gegenüber darauf verweisen, daß es keinen empirischen Beweis für die Haltbarkeit des Schuldprinzips gibt und daß der Gutachter, der vom Schuldprinzip ausgeht, seine Position ebenfalls letztlich nur auf dem Glauben und einem Bekenntnis gründet.

Nun muß man wohl, wenn man die „Schuldfähigkeit" beurteilen will, davon ausgehen, daß es die Alternativen „Schuldfähigkeit" und „Schuldunfähigkeit" überhaupt gibt. Aber auch dann bleibt man zumindest darauf angewiesen, die Willensfreiheit als

„staatsnotwendige Fiktion" zu akzeptieren, bestenfalls: einzusehen, daß ein rein determinististischer Standpunkt zu absurden Konsequenzen führen muß. Aber daß dies ein „empirischer Beweis" wäre, kann durchaus bestritten werden. Der Startplatz für eine „empirische Beweisführung" ist jedenfalls durchaus kein sicherer Boden.

Die gesetzlichen Bestimmungen über Schuldunfähigkeit und verminderte Schuldfähigkeit führen als mögliche Ex- und Dekulpationsgründe die „krankhafte seelische Störung ", die „ tiefgreifende Bewußtseinsstörung ", den „ Schwachsinn " und die „schwere andere seelische Abartigkeit" an — also bestimmte Zustände, von denen man glaubt, man könne sie mit Hilfe seinswissenschaftlicher Methoden diagnostizieren. — Man hat hier schlagwortartig von einem „biologischen Stockwerk" gesprochen. In einem weiteren „psychologischen Stockwerk" wäre dann zu prüfen, ob sich die festgestellte „biologische" Störung auf die Fähigkeit zur Unrechtseinsicht oder auf die Fähigkeit zum einsichtsgemäßen Handeln ausgewirkt haben könnte.

Die Schwierigkeiten bei der Beurteilung der Schuldfähigkeit werden schon daran erkennbar, daß sich hier zwei Konzeptionen mit geradezu konträrer Logik gegenüberstehen: Die eine sieht das Problem der Schuldfähigkeit unter dem Aspekt eines an körperlichen Krankheiten orientierten klinisch-psychiatrischen Krankheitsbegriffs, die andere sieht es unter den psychologischen Aspekten von Freiheit und Unfreiheit; sie ist am Schuldprinzip orientiert.

Das am klinisch-psychiatrischen Krankheitsbegriff ausgerichtete Konzept ist insbesondere von Schneider (1961) herausgearbeitet worden. Danach ist zunächst auf der Ebene des „biologischen Stockwerks" zu prüfen, ob eine der im Gesetz genannten Störungen vorliegt. Der Ausdruck „biologisch" hat sich eingebürgert, weil man sich vor allem am medizinisch-biologischen Krankheitsbegriff orientiert.

Zur Feststellung solcher „biologischen" Störungen bieten sich zwei Wege an:
1. Der Weg über das Organsubstrat, und
2. der Weg über die Psyche.

Mit dem Weg über das „Organsubstrat" ist folgendes gemeint: Man bemüht sich zunächst, eine Erkrankung unmittelbar im körperlichen Bereich nachzuweisen — also eine „Gehirnkrankheit" im engeren Sinne oder etwa eine Vergiftung, die die Hirnfunktion beeinträchtigt hat. In Betracht kommen überhaupt alle mit naturwissenschaftlichen Methoden nachweisbaren körperlichen Schädigungen am Hirn selbst oder mit Auswirkungen auf die Hirnfunktion. Zur Feststellung dienen alle im weitesten Sinne „körperlichen" Untersuchungen, z.B. neurologische, röntgenologische, enzephalographische, toxikologische Untersuchungen, Blutalkoholbestimmungen.

Mit der Feststellung einer „biologischen" Störung auf dem Weg über die Psyche ist folgendes gemeint:

Mittelbar lassen sich aus bestimmten psychischen Veränderungen Rückschlüsse auf eine „Gehirnkrankheit" oder, allgemeiner gesagt, auf Veränderungen am Organsubstrat oder seinen Funktionen durch äußere Einwirkungen ziehen. Sie lassen sich teilweise auch am Hirn selbst nachweisen, z.B. bei der Paralyse.

Bei den „endogenen Psychosen", insbesondere der Schizophrenie und den manisch-depressiven Erkrankungen, sind solche Veränderungen am Organsubstrat aber bislang nicht nachgewiesen worden. Man hat sie hier postuliert, weil diese Krankheiten ein Gepräge aufweisen, das charakteristisch für Erkrankungen am Organsubstrat ist. Zum Verständnis dieser Zusammenhänge kann man mit Schneider (1961) davon ausgehen, daß es „seelisch Abnormes als Folge von Krankheit" gibt und „seelisch Abnormes als Spielart seelischen Wesens". Wie weist mann „seelisch Abnormes als Folge von Krankheit" auf dem Weg über die Psyche nach? Welches sind die charakteristischen psychischen Veränderungen? Das sei hier in aller Kürze skizziert:

Wenn etwa ein Mann auf der Höhe seines bisher unauffälligen Lebens infolge einer paralytischen Hirnerkrankung nachlässig, vergeßlich, taktlos, asozial wird, dann ist das eine seelische Abnormität infolge von Krankheit. Wenn dagegen jemand als Autoschlosserlehrling vom Lande in die Großstadt kommt, zur „Aufbereitung" gestohlener Autos, dann zu Diebstählen verleitet wird und schließlich ganz in die Kriminalität abgleitet, so könnte man ihn vielleicht als „Kriminellen" bezeichnen und insoweit „abnorm" nennen – aber eine „Abnormität als Folge von Krankheit" ist das sicher nicht.

Ein charakteristisches Kennzeichen der „krankheitsbedingten Abnormität" ist danach die Unterbrechung der sinngesetzlichen Kontinuität der Daseinsentwicklung, der „Knick" oder der „Bruch in der Lebenslinie". Die Abnormität tritt unabhängig von den Bedingungen der erlebten materiellen und sozialen Umwelt auf.

Ein weiteres Kriterium läßt sich verdeutlichen mit den Begriffen „Erklären" und „Verstehen": Jemand ist aufgeregt, weil er ins Examen geht. Durch „Verstehen" erfassen wir die „Gründe" und „Motive" seiner Aufgeregtheit, seiner Fehler, und gewinnen Zugang zu seiner „abnormen" Befindlichkeit. Ist dagegen jemand aufgeregt, weil er zu starken Kaffee getrunken hat, dann ist das kein „verstehbarer" Ausdruck der Persönlichkeit und ihrer Reaktion auf Umweltvorgänge; diese Aufgeregtheit ist nicht einfühlbar, für sie gibt es keine „Gründe". Sie ist nur als Folge der Koffeinwirkung „erklärbar". Da der besondere seelische Zustand nicht verstehbarer Ausdruck der Persönlichkeit ist, sondern nur „erklärbare" Folge einer uns bekannten Ursache, kann man die toxisch bedingte Erregung ebenso wie die dadurch bedingten Fehlhandlungen als „persönlichkeitsfremd" bezeichnen. „Verstehen" ist also die Methode, Sinnzusammenhänge und Motive von Handlungen zu erfassen; „Erklären" meint dagegen das Aufdecken ursächlicher Zusammenhänge.

Weitere Hinweise auf „Abnormität als Folge von Krankheit" wären demnach das Fehlen eines Zugangs zur Persönlichkeit, zu ihrer Befindlichkeit und ihren Handlungen durch „Verstehen"; die „Unverständlichkeit" oder „Unmotiviertheit" ihres Verhaltens, also die „Persönlichkeitsfremdheit" ihres Tuns. „Abnormität" dieses Gepräges zwingt praktisch dazu, anstelle des Verstehens auf das „Erklären" zurückzugreifen und eine „Krankheit" als Ursache zu postulieren. Das könnte auch eine toxische Einwirkung sein.

Hinweise auf „Abnormität als Folge von Krankheit" in diesem strengen medizinischen Sinne sind also – im Persönlichkeitslängsschnitt –: die Zerreißung der sinngesetzlichen Kontinuität der Lebensentwicklung, der dem „Verstehen" nicht zugängliche, unabhängig von Umweltvorgängen auftretende „Bruch in der Lebenslinie"; und – bezogen auf den Persönlichkeitsquerschnitt, Befindlichkeit und Verhalten –: das Fehlen eines verstehbaren, adäquaten Motivationszusammenhangs.

Im Hinblick auf eine bestimmte Straftat heißt das: Die Tat ist Ausdruck einer „Abnormität als Folge von Krankheit", wenn sie aus der Linie der bisherigen lebensgeschichtlichen Entwicklung herausfällt, angesichts der Vorgeschichte und der situativen Bedingungen „unverständlich", „unmotiviert" oder nicht adäquat motiviert erscheint, wenn sie „persönlichkeitsfremd" ist.

13

Überspitzt und vielleicht simplizierend: Es deutet auf Krankheit und Schuldunfähigkeit hin, wenn wir den Täter und seine Tat nicht verstehen, wenn wir im Tatgeschehen nichts Sinnhaftes, sondern das Walten des „blinden, sinnindifferenten Kausalgesetzes" erkennen. Darüber, ob jemand z.B. aggressiv, betrügerisch oder apathisch wird, entscheidet nicht mehr seine Persönlichkeit in Auseinandersetzung mit der Umwelt, sondern pointiert vereinfacht: Der Sitz und Umfang des Tumors, darüber, ob eine Mutter ihr Kind umbringt, nicht Haß gegen den Mann oder Verzweiflung, sondern der halluzinierte Gottesbefehl.

Offensichtlich ist: Soweit dies der Fall ist, steht der Kranke tatsächlich außerhalb der sinnhaften Bezüge unserer Rechtsordnung und ist durch keinen der je diskutierten Strafzwecke zu erreichen. Strafe als Vergeltung wäre ebenso sinnlos wie eine Bestrafung aus generalpräventiven oder spezialpräventiven Erwägungen. Sinnvoll allein wäre eine kausale Therapie oder eine Absicherung durch Unterbringung.

Erst wenn eine „Krankheit" in dem dargestellten Sinne diagnostiziert wurde, erscheint es nach diesem Konzept sinnvoll, auf der Ebene des „psychologischen Stockwerks" zu prüfen, ob sie sich auch auf die Fähigkeit zur Unrechtseinsicht oder auf die Fähigkeit zum einsichtsgemäßen Handeln ausgewirkt hat. Wenn z.B. ein 35jähriger notorischer Dieb nach einer traumatischen Hirnschädigung zu explosibler Reizbarkeit und Aggressionshandlungen neigt, aber auch in gleicher Weise weiterstiehlt wie zuvor, dann liegt der Schluß nahe, die Hirnläsion habe sich nur auf die Verantwortlichkeit hinsichtlich der Aggressionsdelikte ausgewirkt. — Andererseits wäre es aber auch ein „biologistischer Kurzschluß", bei jedem abweichenden Befund auf Schuldunfähigkeit zu schließen, wie das z.B. bei der XYY-Chromosomenanomalie z.T. geschehen ist: Hier hat man das pathologische zweite Y-Chromosom geradezu als „Mörderchromosom" bezeichnet — als ob nicht sein Träger, sondern das Chromosom die Tat begangen hätte. Hier gilt: Eine Chromosomenanomalie gibt Anlaß, besonders auf psychische Auffälligkeiten zu achten; ob sie vorliegen, ist aber immer noch von Fall zu Fall zu prüfen.

Wir wollen uns hier nicht mit Problemen befassen, die dieses Konzept im einzelnen immer noch aufgeben mag: etwa, daß man vieles nicht versteht, ohne daß das Ausdruck einer Krankheit sein muß, daß jemand sein Leben plötzlich ändern kann, ohne uns einen verständlichen Zugang dazu zu öffnen, daß wir die Gründe für eine Straftat nicht kennen.

Bemerkenswert ist in bezug auf unser Thema vor allem, daß dieses Konzept sich jeglicher Stellungnahme zum Problem der Willensfreiheit enthält und sich streng auf den empirischen, klinisch-diagnostischen Bereich zu beschränken versucht.

Schneider (1961) ging in dieser „Wertungsabstinenz" besonders weit. Er meinte sogar, schon die Fähigkeit des Täters zur Unrechtseinsicht könne kaum noch Gegenstand seinswissenschaftlicher Erkenntnis sein, und die Fähigkeit zum einsichtsgemäßen Handeln sei es jedenfalls nicht. Die Vertreter dieser als „Agnostizismus" bezeichneten Auffassung beschränkten sich konsequenterweise darauf, dem Richter ihre Erkenntnisse über Vorgänge im „biologischen Stockwerk" mitzuteilen und ihm das Urteil über die Fähigkeit zur Unrechtseinsicht und zum einsichtsgemäßen Handeln zu überlassen. — Die „Gnostiker" dagegen nehmen als Sachverständige auch zu den Auswirkungen der diagnostizierten Störungen auf jene psychischen Fähigkeiten Stellung.

Um die Bedeutung solcher Beschränkung auf den empirischen Bereich einschätzen zu können, muß man vielleicht einen kurzen Blick in die Geschichte der Psychiatrie tun: Zu Anfang des vorigen Jahrhunderts war die Psychiatrie weitgehend von Irrationalität bestimmt. Von dem Psychiater Heinroth (1773–1843) stammt der Satz: „Die Unschuld wird niemals wahnsinning, nur die Schuld wird es." Er forderte dementsprechend, auch die geisteskranken Rechtsbrecher zu bestrafen. Kein Wunder, daß Autoren wie Kant meinten, dann solle man doch die Begutachtung lieber den Philosophen überlassen. Eine grundlegende Wendung, die eng mit dem Namen des bedeutenden und zu seiner Zeit für revolutionär gehaltenen Arztes Griesinger verbunden war, brachte die These: „Geisteskrankheiten sind Gehirnkrankheiten" (zitiert nach Gruhle 1932). Erst sie führte dazu, daß man die „Irren" als Kranke anerkannte und behandelte, daß man sich ihnen mit Methoden medizinischer Forschung zuwandte, Symptome und Krankheitseinheiten herauszuarbeiten versuchte, die schließlich zu dem hier skizzierten Konzept geführt haben, das auch schon vor Schneider (1961) bestanden hat, von ihm aber in besonderer Deutlichkeit herausgearbeitet wurde.

Nun aber die Kehrseite: Für Abnormität, soweit sie *nicht* Folge von Krankheit war, prägte Schneider den Begriff: „Psychopathie". Er war einfach ein Sammelbegriff für alle diejenigen, unter deren „Abnormität" die Gesellschaft litt oder die selbst unter ihrer Abnormität litten. Für sie konnte eine naturwissenschaftlich ausgerichtete, streng auf empirische Diagnostik und kausale Therapie angelegte Medizin nicht zuständig sein. Da man keine Krankheit bei ihnen diagnostizieren konnte, hatte man den Juristen auch keine Exkulpationsmöglichkeit anzubieten. Die praktische Konsequenz war, daß die „Psychopathen" i. allg. als voll verantwortlich galten. Als voll verantwortlich galten nach diesem Konzept auch die Affekttäter, da ihre Taten normalpsychologisch verstehbar und einfühlbar motiviert waren; sie wurden nicht als Äußerungen einer krankhaft veränderten Persönlichkeit aufgefaßt.

Wo war das „Problem der Willensfreiheit" geblieben? – Da die Psychiater sich nicht zuständig fühlten, blieb es den Juristen überlassen, und sie widmeten sich ihm in ihren Lehrbüchern mit großem Eifer, aber ohne praktische Folgen. Die hatte offenbar Frank ins Auge gefaßt, als er 1907 erstmalig den Zumutbarkeitsgedanken in das Strafrechtsdenken einbrachte und darauf hinwies, daß das Schuldurteil nur so lange auf festen Füßen stehe, als man von einer normalen Beschaffenheit der die Tat begleitenden Umstände ausgehen könne. Aufgrund dieser Überlegungen wurde zwar der „psychologische" durch den „normativen" Schuldbegriff abgelöst, und man verstand jetzt das Schuldurteil als Werturteil über den Täter, seine „Schuld" als Pflichtwidrigkeit und „Vorwerfbarkeit". Aber man schreckte davor zurück, die „Unzumutbarkeit normgemäßen Verhaltens" als übergesetzlichen Schuldausschließungsgrund anzuerkennen, und so blieb es bei der alten Lösung: Normgemäßes Verhalten war grundsätzlich jedem zuzumuten, und zurechnungsunfähig war nur, wer „Abnormität im Sinne von Krankheit" aufzuweisen hatte.

Angriffe von psychologischer, psychoanalytischer und soziologischer Seite richteten sich vor allem gegen die Psychiatrie. Zunächst protestierten die Psychologen gegen die Behandlung des Affekttäters. Man wendete sich gegen die „biologistische" Ausgangsposition, nach der nur die mit klinischen Mittel diagnostizierbaren Störungen berücksichtigt werden sollten. So sagt Thomae (1961), in der Überbewertung der „biologischen Maschine" liege eine Geringschätzung dessen, was als Existenzangst, Zorn und

Verzweiflung einen Menschen innerlich bewegen kann. — Moser (1971) sprach von einer „repressiven Kriminalpsychiatrie". Sie leiste Handlangerdienste für eine heuchlerische Mißachtung der durch gesellschaftliche Mißstände bedingten psychischen Deformierungen, der „Sozialisations-" und „Milieuschäden". Sie legitimiere die Gesellschaft, mit Hilfe angeblich „seinswissenschaftlicher Erkenntnisse" jene schuldig zu sprechen, für deren Kriminalität sie selbst verantwortlich sei.

Diese Auffassungen begegnen sich mit den Überlegungen der Rechtsprechung zum Schuldprinzip. In Urteilen des Bundesgerichtshofs heißt es: „Strafe setzt Schuld voraus. Schuld ist Vorwerfbarkeit. Mit dem Unwerturteil der Schuld wird dem Täter vorgeworfen, daß er sich nicht rechtmäßig verhalten, daß er sich für das Unrecht entschieden hat, obwohl er sich rechtmäßig verhalten, sich für das Recht hätte entscheiden können." (BGHSt 2, 200). — Zum Affektproblem wird gesagt: „Nach der Lebenserfahrung" lasse sich nicht bestreiten, „daß es immer wieder, wenn auch selten, Ausnahmefälle gibt, in denen ein Mensch . . . ausschließlich durch den Höchstgrad seiner Erregung . . . in eine Lage gerät, in der er gänzlich die Selbstbestimmung und die Fassung verliert." (BGHSt 11, 23).

Rasch (1980) hat eingewendet, daß man sich hier auf Erfahrungen beruft, die schlechterdings nicht gemacht werden können. Bemerkenswert ist weiter, daß hier nicht mehr — wie im klinisch-psychiatrischen Konzept — zunächst auf Zustände mit eigenständig diagnostizierbaren Kriterien abgestellt und dann über die Auswirkungen auf die Fähigkeit zur Unrechtseinsicht und zum einsichtsgemäßen Handeln diskutiert wird. Geilen sagt es in seinen Untersuchungen zum Affektproblem noch deutlicher: „Im Konfliktfall hätten die psychologischen Merkmale . . . vor den ätiologischen eindeutig den Vorrang."

Danach soll es primär auf die Feststellung der Fähigkeit zur Unrechtseinsicht und zum einsichtsgemäßen Handeln ankommen; die Frage, ob und inwieweit sich ein diagnostizierbarer Zustand ausmachen läßt, erhält nachrangige Bedeutung. Die Begriffe des „biologischen Stockwerks" werden damit zu Leerformeln; wo es nötig ist, wird man entweder den Begriff der „Bewußtseinsstörung" oder den der „abartigen Persönlichkeit" verwenden können. Damit werden die Fragen der Einsichtsfähigkeit und vor allem der „Fähigkeit zum einsichtsgemäßen Handeln" zum zentralen Problem, und die Frage nach der Schuldfähigkeit wird gleichbedeutend mit der Frage, ob der Täter sich für das Unrecht entschieden hat, obwohl er sich für das Recht hätte entscheiden können — d.h. ob er anders hätte handeln können, als er gehandelt hat.

Dabei gewinnt das „Verstehen" eine ganz andere Bedeutung: Die vom klinisch-psychiatrischen Krankheitsbegriff ausgehende Konzeption lief darauf hinaus, als krankheitsbedingt zu exkulpieren, was *nicht* verstehbar und *nicht* adäquat motiviert ist; nach der Argumentation vom Schuldprinzip her wäre dagegen *gerade die* Tat zu exkulpieren, die in *besonderem* Maße verstehbar erscheint; denn gerade hier hat man den Eindruck, sie sei „zwingend motiviert", der Täter habe sie „aus innerer Notwendigkeit" begangen; er „kann nichts dafür". — Gewiß liegt diese Sicht dem Juristen und dem Psychologen näher, denen es ja in erster Linie ums „Verstehen" geht.

Wie hier konträre Auffassungen aufeinandertreffen können, zeigt schon ein Beispiel von Jaspers (1965):

Ein typischer Pseudologe hatte wieder einmal eine Serie von Betrügereien verübt. Jaspers schilderte dem Gericht in 3/4 Stunden den romanhaften Gang des Lebens und schloß, „daß es sich um einen Hysteriker handele, der eine Variation der menschlichen Artung darstelle und nicht an einem Krankheitsprozeß leide . . . Aber der Eindruck einer inneren Notwendigkeit, der bei der sensationellen Schilderung vielleicht ästhetisch zwingend wirkte, veranlaß te das Gericht gegen das Urteil des Gutachters zum Freispruch".

Neuere Beispiele ergeben das gleiche Bild: Rasch (1964) hat in seiner Monographie über die „Tötung des Intimpartners" sehr eindrucksvoll über die Taten, die Vorgeschichte und die Verfassung der Täter berichtet. Nach seinen Untersuchungen hatten die Taten im allgemeinen eine längere Vorgeschichte, die reich an demütigenden Kränkungen und Enttäuschungen war; beim Täter waren der Umgebung schon vor der Tat Anzeichen einer krankheitsartigen Veränderung aufgefallen: Symptome einer depressiven Verstimmung, Grübelzwang, paranoide Verarbeitung. Schließlich resultiert eine charakteristische Gestimmtheit, die Rasch als „homozidale Tatbereitschaft" kennzeichnet. In ihr erscheint die Tat als einziger Ausweg, als Beendigung eines als unerträglich empfundenen Zustandes in der Katastrophe. — Nach Auffassung von Rasch rechtfertigt die Abnormisierung bis zur Vergleichbarkeit mit klinisch bekannten depressiven Verstimmungszuständen die Annahme einer erheblich verminderten Schuldfähigkeit; nur in seltenen Ausnahmefällen, wenn die Abnormisierung in ihrem Ausmaß einer akuten Psychose gleicht, hält Rasch die Voraussetzung der Schuldunfähigkeit für gegeben.

Juristen aber neigen dazu, nach derartigen Berichten die Täter generell im Tatzeitpunkt für schuldunfähig zu halten. Auf den ersten Blick scheint es, sie haben tatsächlich die „richtigere" Ausgangsposition, wenn sie sich am Schuldprinzip orientieren und nicht an klinischen Krankheitsbildern. Denn letztlich kann aus dieser Sicht die entscheidende Frage doch nur sein, ob der Täter sich für das Unrecht entschieden hat, obwohl er sich für das Recht hätte entscheiden können. Psychiater haben gegen eine solche „Psychologisierung der Zurechnungsnorm" eingewendet: Je mehr man sich mit dem Täter und seinen Gründen auseinandersetzt, desto besser wird man ihn verstehen, desto eindeutiger und auswegsloser erscheint sein Handeln determiniert, und — desto größer wird die Neigung, ihn zu exkulpieren. Schließlich hängen dann Exkulpationsgrad und Strafmaß nicht mehr vom Schuldgrad, sondern vom psychiatrischen Untersuchungsgrad ab. Die Zunahme von Exkulpationstendenzen müßte schließlich zur Expansion von Sicherungs- und Zwangsbehandlungsmaßnahmen führen, also von einem zwar problematischen Schuldstrafrecht hinweg, aber zu einem noch problematischeren rein zweckorientierten Maßnahmerecht. Einer empirisch-wissenschaftlichen Beweisführung sei nur die Feststellung von Krankheiten und krankhaften Störungen zugänglich; im übrigen handele es sich um reine Wertungsfragen nach der Anforderung und Zumutung, die das Recht an den affektiv Erregten stellt. Ob es einen „freien Willen" gibt, sei schon generell unbeantwortbar, erst recht nicht könne man vor Gericht für den konkreten Einzelfall mit empirischen Mitteln feststellen, ob der Täter anders hätte handeln können als er gehandelt hat (Haddenbrock 1967; Witter 1962).

Jedenfalls: Es scheint, man hat den Psychiatern das „Problem der Willensfreiheit" zugeschoben. Sie wehren sich dagegen; die Haltung der strikten Verweigerung wird aber nicht durchgehalten. Rasch (1980) bemerkt, im einschlägigen Schrifttum finden sich regelmäßig Ausführungen zum sog. normalpsychologischen Affekt, sicherheitshalber, sozusagen. Krümpelmann (1974) als Strafrechtler meint, da die Befundanalysen sich im wesentlichen decken und der Gegensatz erst mit der Bewertung beginnt, sei hier allein der Jurist zuständig. Tatsächlich verfährt Witter etwa in diesem Sinne: Er beschränkt sich auf Befundanalysen und fügt dann, sozusagen nebenbei und als Privatmeinung, hinzu, was das Gericht eigentlich von ihm wissen will. Rasch (1980) stellt fest: „Im Einzelfall erwarten Richter und Sachverständige die erlösende Formel von der anderen Seite, und man hat den Eindruck, als würden in diesem kleinen Grenzverkehr Valuten ausgetauscht, über deren Wert sich der Geschäftspartner keine rechten Vorstellungen macht und auch im unklaren gelassen bleibt."

Wie das zugeht, zeigt z.B. eine ältere Abhandlung des Psychologen Undeutsch (1957). Darin heißt es, bei Affekttaten sei für die Abgrenzung von Zurechnungsfähigkeit und Zurechnungsunfähigkeit entscheidend, ob das „Ich" dem „Es" die Zügel hat schießen lassen oder das Ich keine Möglichkeit hatte, sich gegenüber der Wucht des urtümlichen Geschehens durchzusetzen. – Witter bemerkt dazu, hier handle es sich nur scheinbar um Diagnostik und um metrische Operationen, im Grunde aber um eine mit quasidiagnostischen Begriffen umschriebene Wertung. Ähnliches gilt für Ausdrücke wie „Verlust der Hemmungsfähigkeit" oder der „Steuerungsfähigkeit" oder für den Begriff der „Motivationsunfähigkeit". All dies sind keine diagnostischen Begriffe, sondern nur Umschreibungen der Auffassung, der Täter hätte sich nicht anders verhalten, nicht anders motivieren können. *Zur Tat war* er offensichtlich motiviert. – Rasch hat von Bürger-Prinz (1950) die Formulierung übernommen, der Affekttäter sei eigentlich nur noch „Durchgangsstation für einen Wirkungszusammenhang". Auch dies wurde im juristischen Schrifttum zum Beleg dafür angeführt, daß im Moment der Tat Schuldunfähigkeit vorliege. Es handelt sich aber auch hier nur um eine gleichnishafte Redewendung: Wie schon erwähnt, stammt sie aus einer etwas ironischen Darstellung des Reflexbegriffs der alten Reflexologie von dem Gestaltpsychologen Metzger (1963): Für jene Reflexlehre sei der Organismus nur „eine Durchgangsstation für die betreffende Kausalkette"; die Bewegung hinge nur von der zufälligen Konstruktion des Mechanismus ab. Vom Verhalten des Affektäters kann man dergleichen gewiß nicht sagen.

Krümpelmann (1974) widerspricht der Auffassung, bei Aussagen über die Motivationsfähigkeit des Affekttäters seien die Auswegslosigkeiten des Problems der Willensfreiheit berührt und empirisch gesicherte Aussagen unmöglich: Es gehe „nicht mehr darum, ob anscheinend freies Handeln in Wirklichkeit determiniert ist, wenn schon der Anschein dieser Freiheit bei der Affektentladung widerlegt werden kann". – Aber Haddenbrock (1972) wendet ein, den Anschein von Freiheit könne man bei genügend subtiler Analyse bei jeder Tat und jedem Täter widerlegen.

Krümpelmann (1974) meint, bei den von Rudolphi (1974), Geilen (1972) und von ihm selbst angelegten Beurteilungsmaßstäben müßte bei etwa 1/4 aller Tötungsdelikte im Moment der Tat Schuldunfähigkeit angenommen werden. Da man übereinstimmend die Konsequenzen für untragbar hält, will man darauf abstellen, ob der Täter seine spätere Affekttat hätte vorausehen oder vermeiden können. Aber Rasch (1980) bemerkt, die meisten dieser Täter wissen wenige Minuten vor der Tat noch nicht, daß sie zum Mörder oder Totschläger werden.

In der dargestellten Weise könnte man wohl noch endlos weiter diskutieren. Vielleicht ist es besser, wir kehren auf unseren – wenn auch unsicheren – Startplatz zurück und überlegen, was eigentlich zu tun ist: Wir müssen wohl – ohne empirische Beweise in der Hand zu haben – davon ausgehen, daß der Mensch im allgemeinen für sein Verhalten verantwortlich zu machen ist. Wir kennen Ausnahmen und kennen Gründe dafür, daß wir bestimmte Menschen nicht verantwortlich machen können. Sie lassen sich an dem klinisch-psychiatrischen Krankheitsbegriff und dem Konzept Kurt Schneiders wohl am deutlichsten ablesen. Sicher müssen wir die enge Begrenzung auf den psychiatrischen Krankheitsbegriff aufgeben — schon aus logischen Gründen: Denn es kann nicht darauf ankommen, ob die Abnormität eines bestimmten Ausmaßes auf Krankheit oder auf einfühlbaren und verstehbaren Gründen beruht, sondern eben nur auf das Ausmaß der Abnormität. — Aber wir können weder Freiheit noch Unfreiheit mit empirischen Methoden beweisen. Dennoch müssen wir Schuldfähige und Schuldunfähige unterscheiden, genauso wie wir vorsätzliche und fahrlässige Tötungen, strafbares und rechtmäßiges Handeln unterscheiden müssen. Will man die Unterscheidung zwischen Schuldfähigen und Schuldunfähigen nicht als reine Wertungsfrage der Zumutbarkeit behandeln, sondern mit Mitteln empirischer Beweisführung treffen, so kann man nur auf das Ausmaß der Abweichungen vom „Durchschnittlich-Normalen" einerseits und der Annäherung an das eindeutig Pathologische andererseits abstellen — also auf Ähnlichkeitsurteile. Dazu kann man empirische Methoden anwenden; dafür lassen sich — jedenfalls im Prinzip — diagnostische Kriterien gewinnen.

Beim Affekttäter ist diese Linie z.B. von Rasch (1964) verfolgt worden. So lassen sich beim Affekttäter Einschränkungen der Schuldfähigkeit nach dem Ausmaß der aus der Vorgeschichte objektivierbaren Abnormisierungen und nach den am Erscheinungsbild erkennbaren, durch Tests objektivierbaren Abweichungen beurteilen. Handlungen und Äußerungen in der Vorgeschichte, durch die das spätere Delikt antizipiert wurde, können gewisse Hinweise auf die Möglichkeiten einer inneren Auseinandersetzung des Täters mit seinem Verhalten erbringen. Insofern ergibt sich eine gewisse Annäherung an die angeführten juristischen Auffassungen. Aber das ist nicht gleichbedeutend mit dem empirischen Nachweis von „Willensfreiheit", sondern nur die Konsequenz aus der uns aufgegebenen Notwendigkeit, im allgemeinen von der Verantwortlichkeit des Menschen auszugehen. Es wäre eine Möglichkeit, das uns aufgegebene, letztlich unlösbare Problem praktisch zu bewältigen. Im Grunde aber bleibt es ein Handeln im Angesicht von Ungewißheit.

Literatur

Birnbaum K (1928) Geschichte der psychiatrischen Wissenschaft. In: Bumke O (Hrsg) Handbuch der Geisteskrankheiten. Springer, Berlin (Bd I, All. T. I, S 11ff)

Bürger-Prinz H (1950) Motiv und Motivation. Holler, Hamburg

Eccles JC (1977/78) Hirn und Bewußtsein. In: Mannheimer Forum 77/78, Studienreihe. Ein Panorama der Naturwissenschaften, zusammengestellt und redigiert von H. v. Ditfurth. Boehringer, Mannheim, S 99ff

Ehrhardt H (1967) Zur Frage des forensischen Beweiswertes kriminologisch-psychiatrischer Aussagen. Monatsschr Kriminol 50:233

Frank R (1907) Über den Aufbau des Schuldbegriffs. In: Frank S (Hrsg) Festschrift für die Juristische Fakultät in Gießen. Töpelmann, Gießen, S 519—547

Geilen G (1972) Zur Problematik des schuldausschließenden Affektes. In: Schroeder F-C v, Zipf H (Hrsg) Festschrift für R. Maurach zum 70. Geburtstag. Müller, Karlsruhe, S 173ff

Griesinger W (1867) Die Pathologie und Therapie der psychischen Krankheiten. Krabbe, Stuttgart

Gruhle HW (1932) Die Schizophrenie. Gerichtliches. In: Bumke O (Hrsg) Handbuch der Geisteskrankheiten. Springer, Berlin (Bd IX, Spezieller Teil V, S 1ff)

Haddenbrock S (1967) Das Paradox von Ideologie und Pragmatik des § 51 StGB. NJW 285

Haddenbrock S (1961) Die Unbestimmtheitsrelation von Freiheit und Unfreiheit als methodologischer Grenzbegriff in der Psychiatrie. Nervenarzt 32:145

Haddenbrock S (1972) Strafrechtliche Handlungsfähigkeit und Schuldfähigkeit. In: Witter H, Göppinger H (Hrsg) Handbuch der forensischen Psychiatrie. Springer, Berlin Heidelberg New York, S 863ff

Jaspers K (1965) Allgemeine Psychopathologie. 8. Aufl. Springer, Berlin Göttingen Heidelberg

Kretschmer E (1958) Hysterie, Reflex und Instinkt. 6. Aufl. Thieme, Stuttgart

Krümpelmann J (1974) Motivation und Handlung im Affekt. In: Stratenwerth G, Kaufmann A, Geilen G, Hirsch H, Schreiber H-L, Jakobs G, Loos F (Hrsg) Festschrift für H. Welzel zum 70. Geburtstag.

Lorenz K (1965) Über tierisches und menschliches Verhalten. Gesammelte Abhandlungen. Piper, München

Metzger W (1963) Psychologie. 3. Aufl. Steinkopff, Darmstadt

Moser T (1971) Repressive Kriminalpsychiatrie – vom Elend einer Wissenschaft – eine Streitschrift. Suhrkamp, Frankfurt

Pfäfflin F (1978) Vorurteilsstruktur und Ideologie psychiatrischer Gutachten über Sexualstraftäter. Beitr Sexualforsch 57

Rasch W (1964) Tötung des Intimpartners. Beitr Sexualforsch 31

Rasch W (1967) Schuldfähigkeit. In: Ponsold A (Hrsg) Lehrbuch der Gerichtlichen Medizin. 3. Aufl. Thieme, Stuttgart, S 55ff

Rasch W (1980) Die psychologisch-psychiatrische Beurteilung von Affektdelikten. NJW 1309–1315

Richter HE (1979) Der Gotteskomplex. Rowohlt, Reinbek

Rudolphi H-J (1974) Affekt und Schuld. In: Festschr für H. Henkel zum 70. Geburtstag. de Gruyter, Berlin New York, S 199

Sarstedt W (1968) Auswahl und Leitung des Sachverständigen im Strafprozeß (§ § 73, 78 StPO). NJW 177–182

Schewe G (1972) Die „Finalität" (regulative Plastizität) bei „unbewußten" Bewegungsabläufen und das Problem der strafrechtlichen Abgrenzung von „Handlungen" und „Reflexbewegungen". Med Welt 23:824–826

Schewe G (1972) Reflexbewegung – Handlung – Vorsatz. Schmidt-Römhild, Lübeck

Schewe G (1979) Forensische Psychopathologie. In: Schwerd W (Hrsg) Rechtsmedizin. 3. Aufl. Deutscher Ärzteverlag, Köln-Lövenich, S 223ff

Schmidt E: Zuchthäuser und Gefängnisse. 2 Vorträge. Vandenhoeck & Ruprecht, Göttingen

Schneider K (1961) Die Beurteilung der Zurechnungsfähigkeit, 4. Aufl. Thieme, Stuttgart

Sherrington CS (1906) The integrative action of the nervous system. Constable, London

Spiegel R (1968) Die strafrechtliche Verantwortlichkeit des Kraftfahrers führ Fehlreaktionen. DAR 68:283

Thomae H (1961) Bewußtsein, Persönlichkeit und Schuld. Monatschr Kriminol 44:116

Undeutsch U (1957) Zurechnungsfähigkeit bei Bewußtseinsstörung. In: Ponsold A (Hrsg) Lehrbuch der Gerichtlichen Medizin, 2. Aufl. Thieme, Stuttgart, S 130

Weizäcker V von (1950) Der Gestaltkreis. 4. Aufl. Thieme, Stuttgart

Welzel H (1967) Das deutsche Strafrecht. 10. Aufl. De Gruyter, Berlin

Witter H (1962) Affekt und strafrechtliche Verantwortlichkeit. In: Kriminalbiologische Gegenwartsfragen, H. 5, Stuttgart

Witter H (1970) Grundriß der gerichtlichen Psychologie und Psychiatrie. Springer, Berlin Heidelberg New York

Die juristische Perspektive zum Aussagewert der Handlungsanalyse einer Tat

G. Jakobs

Der strafrechtliche Begriff einer Tat und eines Täters

*Abstraktion vom individuellen Kontext und von Einzelheiten
der Sozialbeziehung*

Der Begriff der Tat wird hier als strafrechtlicher Begriff verwendet, also für die Verwirklichung der äußeren und inneren Merkmale einer Straftat; Tat ist bei dieser Verwendung dasjenige, was durch die Beschreibungen des Gesetzes, also durch die Tatbestandsmerkmale im weiteren Sinne, als ein zu bestrafendes Verhalten festgelegt ist.

Die Beschreibungen des Gesetzes stellen auf *sozial* negativ bewertete Ereignisse ab, d.h. die Tat wird unabhängig von den individuellen Höhepunkten und Tiefpunkten des Erlebens am sozial Bedeutsamen fixiert. Eine Straftat kann etwas individuell völlig Triviales sein. Ein Beispiel hierfür bildet der Durchschnittsfall der — auch vorsätzlichen — Trunkenheit im Verkehr. Wenn das Delikt folgenlos und unentdeckt bleibt, wird es wegen seiner Trivialität schon bald nahezu spurlos vergessen.

Die Straftat abstrahiert aber nicht nur vom Maß des individuellen Erlebens, sondern auch von dessen Art. Der ein Erlebnis individuell färbende Kontext kann für die Straftat bedeutungslos sein. Eine Straftat wird durch einen festen Numerus clausus an Bedingungen konstituiert. Sind diese Bedingungen gegeben, so kann eine Analyse des weiteren Tatzusammenhangs zwar Interessantes zutage fördern, aber eben nichts Tatrelevantes. Dazu im Anschluß an Krauß (1978, S. 19) ein Beispiel: Die Eigentumsdelikte erfordern bei der Tat den Vorsatz, daß der Berechtigte das Objekt auf Dauer verliert, und zudem die Absicht, das Objekt zu nutzen. Ob die Nutzung wirtschaftlich vernünftig ist oder wirtschaftlich unvernünftig, berührt das Eigentumsdelikt nicht. Wenn also ein Täter einer Frau eine Ledertasche entreißt, um sie als Fetisch zu gebrauchen, so ist das wirtschaftlich unvernünftig, aber das hindert den Raub nicht. Die individuelle Perspektive der sexuellen Motivation läßt sich gegen die gesetzliche Perspektive nicht ausspielen, weil die gesetzliche so abstrahiert, daß der Grund des Gebrauchs ausgeblendet bleibt. Mit anderen Worten, wenn das Gesetz mit der Zueignungsabsicht nur Oberflächenmerkmale nennt, kann die Analyse der Ausführungshandlung auf ihren Tiefenbefund hin für die Zueignungsabsicht nichts Relevantes ergeben.

Die Straftat abstrahiert schließlich von einigen Elementen der *konkreten* Sozialbeziehung, um die es geht. Natürlich gibt es grobe Raster, die ins Strafrechtliche durchschlagen: Notwehrsituation, Einwilligung etc. Aber unterhalb dieser groblinigen Muster

"

bleibt ein weiter Bereich sozialer Beziehungsweisen, die allenfalls für die Strafzumessung etwas hergeben, nicht aber für das Ob der Tat. Ein bekanntes Beispiel bildet die Vergewaltigung, bei der es zwar auch um den Überfall auf eine Frau gehen kann, zu der vorher keine oder jedenfalls keine sexuellen Beziehungen bestanden, aber eben gleichfalls um das Weiteragieren in einer längst gegenseitig durch sexuelle Praxis bestimmten Beziehung, die von der Frau zur Unzeit gekündigt wird.

Die Tat, für die eine Analyse etwas aussagen soll, ist also das Produkt mannigfacher Abstraktionen. Das läßt sich auch auf den Täter wenden: Der Täter eines Verbrechens tritt strafrechtlich mannigfach abstrahiert auf; sein individuelles Erleben und seine konkrete Sozialbeziehung sind nicht per se relevant, sondern nur, soweit sie sich in die strafrechtliche Ebene des Abstrakt-Sozialen transponieren lassen.

Beschränkungen bei Längsschnittanalysen

Entgegen diesem Befund ist in der psychoanalytisch orientierten Literatur gefordert worden, im Prozeß solle nicht nur über ein Verbrechen befunden werden, „sondern es soll darüber hinaus dem Anspruch Genüge getan werden zu begreifen, über wen gerichtet oder geurteilt wird. Das beinhaltet ein Bemühen, die Persönlichkeitsentwicklung, die Rolle und Funktion der Straftat in dieser Entwicklung zu verstehen" (Schorsch u. Becker 1977, S. 21). Würde sich das Strafrecht ernsthaft und nicht nur äußerlich darauf einlassen, so würde es in der Komplexität des hereinbrechenden Materials ersticken (Krauß 1975, S. 411ff; Jäger 1978, S. 297ff). Das freilich ist kein Mangel des zitierten Postulats, wohl aber ist es die Selbstverständlichkeit, mit der eine Identität zwischen dem Subjekt behauptet wird, das eine Persönlichkeit entwickelt etc., und dem Subjekt, das vor Gericht steht und dort begriffen werden muß. Was überhaupt ein Subjekt ist, muß erst einmal ausgemacht werden, und das Ergebnis wird je nach dem Zweck, zu dem man ein Subjekt ausmacht, verschieden sein. Die Verabsolutierung *einer* wissenschaftlichen Konzeption eines Subjekts zum Subjekt-an-sich ist nichts anderes als eine Verabsolutierung *einer* wissenschaftlichen Perspektive zur Realität-an-sich. – Dem psychoanalytischen Denken ist eine lange zeitliche Dimension des Subjekts selbstverständlich. Anders im Strafrecht: Dort hat der Täter im Grundfall nur eine kümmerliche zeitliche Dimension; er entsteht mit dem Tatbeginn, in der Regel dem Versuchsbeginn, aus dem individuellen und sozialen Nichts und verschwindet dahin nach dem Ablauf des strafbaren Verhaltens. Für diesen Moment, notfalls nur für Sekunden, braucht das Strafrecht einen Täter als Subjekt und fragt nach Vorsatz, Fahrlässigkeit und Schuld. Mehr als ein Schatten auf der Maßfläche der Normen kommt dabei nicht heraus.

Im Blick auf das Arsenal von Argumentationstopoi, das im Zurechnungszusammenhang zur Verfügung steht, also zur Beschuldigung und Entschuldigung, ist die genannte psychoanalytische Forderung das Gegenstück der früher verbreiteten strafrechtlichen Forderung, nicht auf eine Einzeltatschuld, sondern auf die Lebensführungsschuld abzustellen. Das „Bemühen, die Persönlichkeitsentwicklung, die Rolle und Funktion der Straftat in dieser Entwicklung zu verstehen", läßt sich strafrechtlich nicht nur auf Exkulpation, sondern auch auf Inkulpation richten, auch wenn diese Wendung eine Perversion des mit dem Zitat Gemeinten ist. Dieser Hinweis auf den Zusammenhang mit der Lebensführungsschuld soll nicht die Intention der Autoren des Zitates desavouieren, sondern klarstellen, daß der Verzicht auf die Auswertung eines prinzipiell unbegrenzten Persönlichkeitslängsschnitts nicht etwa ein Verzicht speziell zur Vermeidung von Exkulpation ist. Die Hauptgründe sind vielmehr rechtsstaatlicher Art.

Handlungsanalyse und Tat

Die Beschränkung auf einen Numerus clausus von abstrakten Merkmalen einer Straftat, die das Strafrecht vornimmt, bietet natürlich keine Garantie dafür, daß der vom Strafrecht gemeinte Handlungsvollzug mit den fixierten Merkmalen adäquat beschrieben ist. Die Adäquanz der Beschreibung des Strafrechts wird auch mit Nachdruck bestritten, und zwar was den psychologischen oder besser wohl quasipsychologischen Teil der Handlungsbeschreibung angeht. Die Kritik zielt im Ergebnis auf die im Strafrecht gängigen Annahmen zur psychischen Lage des Täters bei der Tat, setzt aber bei einer *Analyse* der Handlung an, die von der Kritik gerade nicht strafrechtlich als tatbestandliche Handlung verstanden wird, sondern als vor- und nachtatbestandliches Kontinuum, zusammengehalten durch den Täter als Subjekt. Es geht darum, die zeitliche Dimension des Täters über die Zeit des Tatverhaltens hinaus zu dehnen.

Hierbei ist eine Handlungsanalyse mit nur mittelbarer oder individueller Auswirkung auf den Bestand oder das Maß der Straftat von einer solchen mit unmittelbarer Auswirkung zu unterscheiden.

Handlungsanalyse mit nur mittelbar tatrelevanten Ergebnissen

Handlungsanalyse als Indizienlieferant für subjektive Tat(bestands)merkmale

Was zunächst die Handlungsanalyse mit *nur mittelbarer* Auswirkung angeht, so geht es um die indizielle Bedeutung von Vortatverhalten (oder Nachtatverhalten) für die Momente der Tat selbst. Einzelheiten deckt hier der weite Mantel freier richterlicher Beweiswürdigung (§ 261 StPO), aber das Prinzip ist so klar wie bei Indizien, die keine Handlungen sind: Der Richter ermittelt, was geschah, und zieht daraus Schlüsse. Wenn der Richter mit oder ohne Hilfe eines Gutachters[1] aus Umständen, die keine Handlung sind, Schlüsse ziehen kann, etwa aus einer Psychose auf Schuldunfähigkeit, so kann er auch aus Umständen, die eine Handlung sind, Schlüsse ziehen, etwa aus dem Trinken großer Mengen Alkohol vor der Tat auf Schuldunfähigkeit. Ein weiteres Beispiel: In einer für den Vorsatzbegriff zentralen Entscheidung des Bundesgerichtshofs[2] geht es u.a. um folgende Indizienkette: Die Täter hatten ihr Opfer, das beraubt werden sollte, mit einem Lederriemen erdrosselt. Bei der Erörterung, ob dies vorsätzlich geschah, wird ausgeführt, daß vor dem Erdrosseln vergeblich versucht worden war, das Opfer mit einem sandgefüllten Sack bewußtlos zu schlagen. Ferner war vor der Tatausführung zwischen den Tätern die Gefährlichkeit des Drosselns und des Schlagens für das Opfer erörtert und das Drosseln als zu gefährlich verworfen worden. — Es ergibt

---

[1,2] s. Anmerkungen

sich folgende Handlungskette: Methode a und b werden erörtert; Methode b wird als zu gefährlich verworfen; Methode a wird angewandt; als a scheitert, wird auf b zurückgegriffen. – Das Gericht hat aus dem vorangegangenen Beratschlagen über die Methode geschlossen, bei der nachfolgenden Anwendung der Drosselmethode sei den Tätern die Gefährlichkeit aktuell bewußt gewesen. Ob dieser Schluß stimmt oder ob es sachlich darum geht, die Folgen, die ein guter Bürger bedenken würde, beim schlechten Bürger als bedacht zu unterstellen, mag dahinstehen. So wie das Gericht argumentiert, nämlich mit einem Bewußtsein als psychisches Faktum, wird das vorangegangene Beratschlagen als Bewußtseinsindiz genommen wie etwa ein nachfolgendes Geständnis.

Bereichsweise regelmäßig falsche Indizienschlüsse?

Freilich wird behauptet, daß in einigen Bereichen der Schluß von bestimmten Gestalten des Vorverhaltens auf den Tatvorsatz mehr oder weniger regelmäßig vollzogen werde, obgleich er falsch oder zumindest nicht abgesichert sei. Es geht u.a. um das Verhalten stark berauschter Täter, vorweg aber um den Vorsatz bei der Affekttat. So hat Rasch (1964) darauf hingewiesen, daß die Gestalten des Vorverhaltens häufig insofern ein ambivalentes Bild ergeben, als den tatfinalen Gestalten retardierende oder bei gegebener Tatfinalität sinnlose Gestalten gegenüberstehen. Wörtlich: „Die Gegenüberstellung dieser gegensätzlichen Handlungsketten macht deutlich, daß die spätere Entscheidung über die Absicht, die man dem zu beurteilenden Tun unterlegen will, davon abhängt, . . . welche der beiden Handlungsketten man aufzuspulen beginnt . . . Das bis in die eigentliche Tatausführung ambivalent bleibende Handeln . . . prägt die Tat zu einer nur faktischen Lösung, die keiner inneren Entscheidung entspricht" (Rasch 1964, S. 60). An anderer Stelle wird von dem juristischen „Begriffsystem" als etwas gesprochen, das „nicht ausreicht, um die psychologische Wirklichkeit des Geschehens zu erfassen und zu deuten" (Rasch 1967, S. 69). Diese Ablehnung der strafrechtlichen „Quasi-psychologie" (Rasch) wird von Schewe weitergeführt. Auch Schewe hält die strafrechtlichen Begriffe zur subjektiven Seite eines Verbrechens für inadäquat; denn, so Schewe, bei der Beurteilung der betreffenden Affekttaten könne nicht einfach die Kritik von Rasch akzeptiert und statt eines nicht beweisbaren Vorsatzes Fahrlässigkeit angenommen werden, da bei dieser Lösung die immerhin zumindest bei der Tatausführung vorhandene äußere Finalität verloren gehe (Schewe 1972, S. 106ff). Wiederum wörtlich: „Der spezifische Unterschied zwischen einer wohl überlegten . . . ‚Vorsatztat' und einer ‚Affekttat', bei der das Opfer von eindeutig vernichtenden Einwirkungen getroffen wird, liegt aber keineswegs in der Zielrichtung, sondern allenfalls im Grad der ausgeübten oder möglichen Selbstkontrolle." Diese Selbstkontrolle bezeichnet Schewe als das Problem der Zurechnungsfähigkeit und fährt fort: „Problematisch ist bei einer solchen Affekttat überhaupt nicht die Bestimmung der Zielrichtung des Handelns, problematisch ist nur, ob und inwieweit dem zielgerichteten ‚äußeren' Ablauf ‚innere' subjektiv erlebte Vorgänge wie Zielvorstellungen, Vorsetzung, Wille und Entschluß entsprechen, die die Rechtsdogmatik als Kriterien des Vorsatzes ansieht" (Schewe 1972, S. 107).

Entfinalisierung des Vorsatzbegriffs

Diesen massiven Kritiken an der strafrechtlichen Begriffsbildung ist zunächst einzuräumen, daß der bei der Tat erforderliche Vorsatz überhaupt nur aus dem Tatablauf im weitesten Sinne erschlossen werden kann, wenn nicht ein Geständnis vorliegt, und auch ein Geständnis muß in der Regel aus dem Tatablauf abgesichert werden. Ferner ist einzuräumen, daß die Bindung der Grenze Vorsatz (= regelmäßig strengerer Strafrahmen) – Fahrlässigkeit (= regelmäßig milderer Strafrahmen) an ein psychisches Faktum axiologisch nicht befriedigt. Daß derjenige, der etwa aus Desinteresse nicht zur Kenntnis nimmt, was er anrichtet (der sog. Tatsachenblinde), potentiell besser stehen soll als der Aufmerksame, läßt sich im Einzelfall überhaupt nicht und generell allenfalls mit einem Bedürfnis nach einer rechtssicheren Grenzziehung rechtfertigen.

Die geschilderte Kritik dürfte jedoch einiges von ihrem Gewicht durch den Hinweis verlieren, daß der strafrechtliche Vorsatzbegriff an Vorgängen wie Planen, Entscheiden, Wollen, Anstreben, Absicht, Finalität und was sonst noch an Begriffen für zielgerichtetes Psychisches vorhanden sein mag, überhaupt nicht notwendig ausgerichtet ist[3]. In dem oben geschilderten Fall des Erdrosselns mit einem Lederriemen war den Tätern die Tötung unlieb; sie hatten ja auch einiges getan, sie zu vermeiden; insoweit war auch dort der Handlungsverlauf ambivalent. Vorsätzlich war die Tötung aber trotzdem, denn die Täter wußten, daß ihr Tun die Tötung nicht unwahrscheinlich bewirkte: Das reicht. Der Vorsatz ist ein psychisches Faktum, aber dieses Faktum kann bis auf den Umstand schrumpfen, daß der Täter bei der Tat weiß, mit welchen Folgen er agiert. Das ist wörtlich zu nehmen: Im soeben genannten Beispielsfall waren zwar die Täter immer noch auf bestimmte Folgen aus, nur eben nicht auf die Todesfolge; aber auch dieses Überhaupt-auf-etwas-aus-Sein mag im Grenzfall fehlen, wenn jedenfalls noch ein Bewußtsein von den Folgen des dann nicht mehr bewußt-zweckhaften Agierens vorhanden ist.

Es ist freilich strafrechtlich unüblich, bei Benennung der Mindesterfordernisse des Vorsatzes so weitgehend zu reduzieren; in der Regel geht man davon aus, irgendetwas habe der Täter schon bewußt bezweckt, freilich nicht notwendig die strafrechtlich relevante Folge. Der strafrechtlich neutrale Zweckbezug ist aber ganz funktionslos und kann deshalb fehlen. Vorsatz und Fahrlässigkeit unterscheiden sich allein darin, daß der Vorsatztäter die strafrechtlich relevanten Folgen ceteris paribus leichter vermeiden kann als ein Fahrlässigkeitstäter, weil der Vorsatztäter die Folgen seines Agierens kennt. Ob er beim Agieren irgendetwas bewußt bezweckt oder nicht, ändert an dieser Abstufung der Vermeidbarkeit nichts. Insbesondere wird die individuelle Hartnäckigkeit, mit der ein Täter einen Zweck verfolgt, bei der Abstufung nicht berücksichtigt. Der bewußte Zweckbezug ist überhaupt nur der formulierungsmäßige Ansatz, um über Nebenfolgen der Zweckverfolgung reden zu können; sachlich ist er bedeutungslos. Als psychisches Faktum eines Vorsatzes kann also das Wissen von den Folgen des Agierens hinreichen.

Daß dieses Wissen, so es vorliegt, immer in einem Kontext von individuellen, bewußten oder unbewußten Strebungen stehen wird, macht für denjenigen, der berufsmäßig gewohnt ist, sich mit der *ganzen* Psyche von Personen zu befassen, den Vorsatz-

---

[3] s. Anmerkungen

25

begriff des Strafrechts schwer verständlich; denn es geht auch beim Vorsatz wiederum
– entsprechend der oben geschilderten Lage bei der Bestimmung einer Tat – nur um
einen Ausschnitt aus dem, was sich ereignet. Nun mag allerdings einer Person in affek-
tiver Erregung selbst das Bewußtsein des folgenreichen Agierens fehlen, oder jedenfalls
mag dieses Bewußtsein nicht indiziell erschließbar sein. Wenn das der Fall ist, so kann
nach dem gegenwärtigen Stand der Lehre vom Vorsatz kein Vorsatz mehr bejaht werden;
es bleibt allenfalls Fahrlässigkeit. De lege ferenda wäre nicht nur eine Sonderregelung
für den Affekt zu diskutieren, sondern auf lange Sicht auch eine Entpsychologisierung
und Normativierung des Vorsatzbegriffs, eben um bei krasser Tatsachenblindheit nicht
nur auf Fahrlässigkeit angewiesen zu sein.

Relevanz der äußeren Finalität?

Die Reduktion hat positivrechtlich eine Grenze: Nach § 16 Abs. 1 StGB ist ohne
Kenntnis der Tatbestandsverwirklichung Vorsatz ausgeschlossen. Deshalb ist der von
Schewe unternommene Versuch, für die Vorsatztat ein Element der Zielrichtung zu
retten, dafür aber eine äußere Finalität genügen zu lassen, nach geltendem Recht nur
modifiziert durchführbar; zur äußeren Finalität muß das Bewußtsein der Tatbestandsverwirklichung hinzukommen. Aber auch abgesehen von dieser Modifikation, bei einer
Betrachtung de lege ferenda, dürften gegen den Vorschlag Einwände zu erheben sein,
und zwar prinzipieller Art[4]. Strafrechtlich geht es nicht primär und nicht einmal notwendig um eine Zielrichtung des Verhaltens, sondern um dessen Vermeidbarkeit[5]. Darum ist auch nach der finalen Handlungslehre nicht die bewußte Finalität per se strafrechtlich relevant, sondern als eine Voraussetzung von Vermeidbarkeit, freilich, wie
mittlerweile überwiegend anerkannt sein dürfte, weder eine notwendige Voraussetzung
(auch automatisierte Reaktionen können vermeidbar sein) noch eine hinreichende
Voraussetzung (das bewußt Finale gibt zumindest für fahrlässig herbeigeführte Folgen
nichts her). Die finale Handlung im Sinne der finalen Handlungslehre bezeichnet einen
geläufigen Typ vermeidbaren Verhaltens, mehr nicht.

Würde jetzt die bewußte Finalität durch die äußere Finalität ersetzt, so ergäben sich
komplementäre Schwierigkeiten. So wie die bewußt-finale Handlung an den unbewußten Folgen scheitert, etwa bei den Automatismen und bei der Fahrlässigkeit, so
bringt die äußere Finalität umgekehrt zuviel an unbewußt Finalem: Alles äußerlich
Finale wird ohne Blick auf seine (generalisierend oder individualisierend bestimmte)
Vermeidbarkeit zur – sogar vorsätzlichen – Handlung. Die äußere Finalität etwa einer
spontanen Magenentleerung oder der Darmperistaltik interessiert aber strafrechtlich
nicht, da sie mangels Vermeidbarkeit durch Normen nicht geregelt werden kann. So
wie Schewe am strafrechtlichen Handlungsbegriff ein Zuviel an Psychologie rügt, so
bringt er selbst ein Zuviel an Phänomenologie in den Handlungsbegriff ein.

Zudem klammert das Erfordernis des Finalen zuviel aus, scil. alles Nichtfinale (jede
sog. Nebenfolge) wäre selbst bei klarer Voraussicht nicht mehr vorsätzlich herbeigeführt. Beispielhaft: Wer lagert schon Gift so ab, daß äußerlich-final die Umgebung
verschmutzt wird, oder wer behandelt Lebensmittel so, daß die Konsumenten äußer-

---

[4,5] s. Anmerkungen

lich-final an ihrer Gesundheit geschädigt werden etc.? Die Probleme, die die finale Handlungslehre mit Nebenfolgen hat, und zwar je stärker die Nebenfolgen unbewußt werden, wiederholen sich hier mit der Maßgabe, daß sie stärker sind, je mehr die Nebenfolgen bewußt werden. — Strenge Relationen zwischen Fakten und Bewertungen sind eben immer mißlich.

Handlungsanalyse mit unmittelbar tatrelevanten Ergebnissen

Für eine Theorie strafrechtlicher Zurechnung ist die Analyse von Handlungszusammenhängen mit *unmittelbarer* Auswirkung auf den Bestand oder doch die Quantität einer Straftat wesentlich wichtiger als die Analyse mit nur indizieller Auswirkung. Hier geht es darum, wie weit ein kompletter Ereigniszusammenhang in das Strafrecht eingebracht werden kann, und zwar auch mit denjenigen Teilen, die bei der Tat schon vollzogen oder noch nicht begonnen sind. Das betrifft nicht etwa die Frage, wie weit das Strafrecht und insbesondere der Begriff der Schuld überhaupt individualisieren, sondern nur das Sonderproblem, wie weit auf Umstände abgestellt wird, die nicht bei der Tathandlung vorliegen, sondern zu einer *abgeschlossenen* Vorhandlung oder *noch nicht eingeleiteten* Nachhandlung gehören. Mit anderen Worten, es geht darum, wie das Subjekt über die Zeit des Vollzugs des strafbaren Verhaltens hinaus ausgedehnt werden kann.

Gesetzliche Beispiele

Mustert man das Material des positiven Rechts auf Rechtsfiguren, die das Subjekt über das Straftatverhalten hinaus ausdehnen, so findet sich nur *eine* generelle Vorschrift; zur Strafzumessung nämlich soll es auf Vorleben und Verhalten nach der Tat ankommen (§ 46 StGB).

Zum Nachtatverhalten ist die Vorschrift einigermaßen aussagekräftig: Es soll um Schadenswiedergutmachung gehen, also um ein rücktrittsähnliches Verhalten. Beim Rücktritt werden der Verbrechensversuch und die nachfolgende freiwillige Versuchsaufgabe oder Erfolgshinderung verklammert. Dabei ist das Rücktrittsverhalten nicht nur und nicht einmal notwendig als Indiz für die Schwäche der Schuld des vorangegangenen Verbrechensversuchs zu verstehen — auch überhaupt schuldunfähige Täter können zurücktreten —, vielmehr ist es ein „Widerruf" des Versuchs, und seine Berücksichtigung dehnt das Subjekt über die Verbrechensphase hinaus in die Widerrufsphase. Beim sonstigen Nachtatverhalten als allgemeiner Strafmilderungsgrund verläuft die Berücksichtigung analog, nur geht es nicht mehr um das Ob, sondern nur noch um das Maß der Strafe.

Zum Vortatverhalten freilich ergibt die gesetzliche Regelung nicht mehr, als daß es überhaupt auf das Vorleben ankommen soll; auf was genau es ankommt, wird nicht einmal angedeutet. Die gesetzliche Regelung der Strafzumessung gibt also für das Vortatverhalten kein Leitbild ab, sondern gibt nur einen Rahmen, der erst durch ein anderweitig gebildetes Leitbild auszufüllen ist. Dieses Leitbild ergibt sich, wenn man die Linien zwischen den gesetzlichen Fixpunkten für Beschuldigung und Entschuldigung auszieht, also zwischen den Regelungen des Verbotsirrtums (§ 17 StGB), der Schuldunfähigkeit (§§ 20 f StGB) etc. (§§ 33, 35, 213, 217 StGB, auch § 47 StGB, ferner §§ 199, 233 StGB u.a.m.). Auf den ersten Blick scheint freilich die nahezu stereotype Formulierung, daß es auf die Lage „bei Begehung der Tat" ankomme, ein voll negatives Ergebnis zu indizieren: Eine Vergrößerung der zeitlichen Dimension scheint ausgeschlossen. Daß dieser Schein trügen muß, zeigt schon die bereits angesprochene Regelung der Strafzumessung: Dort wird das Subjekt ja — ohne ersichtlichen prinzipiellen Unterschied der Regelungsbereiche — ausdrücklich um sein Vorleben angereichert.

So gibt es auch beachtliche gesetzliche Ausnahmen von der Fixierung allein an die Tat. Es geht dabei einmal um den entschuldigenden Notstand, § 35 StGB, dessen volle Wirkung voraussetzt, daß der Täter *nicht seinerseits* die existentielle Gefahr, aus der er sich befreit, *verursacht* hat. Das Verursacht-Haben ist ein Verhalten des Täters, das bei der Tat schon Vergangenheit ist. Es wirkt auch nicht etwa auf die psychische Verfassung des Täters im Tatzeitpunkt ein; die Angst desjenigen, der eine Katastrophe verursacht hat, muß sich von der Angst eines Unbeteiligten nicht notwendig unterscheiden. Die Regelung des Gesetzes ist also eine klare Ausdehnung des Täters in die Zeit vor der Tatausführung. Nicht allein die Tathandlung entscheidet hier über die Schuld, sondern ein ggf. lange vorher abgeschlossenes Verursachen des Verhaltens.

Eine weitere Ausnahme bringt § 213 StGB, der minder schwere Fall des Totschlags, wo im benannten Teil als minder schwer hervorgehoben wird, wenn der Totschläger durch Injurien des später Getöteten zum Zorne gereizt wurde, wobei aber stets hinzukommen muß, daß diese Reizung *ohne eigenes Verschulden* stattfand. Wiederum entscheidet nicht die psychische Lage bei der Tat, denn das *Maß* des Zorns kann von der *Berechtigung* des Zorns ganz unabhängig sein. Es entscheidet vielmehr ein zur Zeit der Tatausführung schon abgeschlossenes Verhalten, eben die „Verschuldung" der Injurien des späteren Opfers. Wiederum hat das Gesetz das Subjekt über die Zeit der Tatausführung hinaus ausgedehnt.

Dasselbe Prinzip findet sich bei der Notwehrüberschreitung (§ 33 StGB); nicht der asthenische Affekt per se entschuldigt, sondern nur derjenige, in den man durch einen rechtswidrigen Angriff, also ohne eigene „Verursachung", gerät und den man gerade am Veranlasser entlädt (Jakobs 1974, S. 23f). Weitere gesetzliche Regelungen ließen sich nennen.

„Verschuldung" beim Affekt

In etwa auf der Ebene der genannten gesetzlichen Regelungen liegt die Rechtsprechung, wenn sie die Exkulpation durch einen hochgradigen Affekt ausschließt, wenn der Täter „den im Tatzeitpunkt schuldausschließenden Affekt während der Entstehung, also noch vor der Tat, durch ihm mögliche Vorkehrungen nicht vermieden hat"[6]. Die ganz unklare Schwebelage zwischen Ausschluß der Entschuldigung und Vorverlagerung der Beschuldigung soll zunächst so unberührt bleiben, wie auch die erheblichen Unschärfen des Affektbegriffs dahinstehen sollen; ergänzt sei, daß auch im juristischen Schrifttum[7], freilich nicht ohne Widerstand[8], beim Affekt die Exkulpation vom Fehlen

---

[6,7,8] s. Anmerkungen

einer „Verschuldung" abhängig gemacht wird. Ganz entsprechende Ausführungen finden sich auch im psychiatrischen Schrifttum[9]; neuestens Rasch (1967, 1980, S. 1314): „Besondere Beachtung verdient . . . der Prozeß des Affektaufbaus. Die katastrophenträchtige psychische Verfassung wird vom späteren Täter nicht in ihrer Bedeutung reflektierend erfaßt. Wird durch die Vorgeschichte aber deutlich, daß Handlungen und Äußerungen vorgekommen sind, durch die das spätere Delikt antizipiert wurde, läßt sich ein gewisser Hinweis auf die Möglichkeit der inneren Auseinandersetzung des Täters mit seinem Verhalten gewinnen" (vgl. auch Rasch 1967, S. 84). Wenn Rasch die Parallele zur juristischen Verschuldung des Affektes relativiert, indem er ausführt, intendiert sei nicht eine Lozierung der Schuld, sondern eine solche der „Distanzierungs- und Reflektionsmöglichkeiten", so dürfte die Differenz unwesentlich sein, zumal sogleich danach die Distanzierungs- und Reflektionsmöglichkeiten als „Spielraum zur inneren Auseinandersetzung" bezeichnet werden; mehr ist für eine strafrechtliche Schuld nicht erforderlich.

„Verschuldung" bei verminderter Schuldfähigkeit

Bevor auf die Frage, was denn im bezeichneten Zusammenhang überhaupt unter „Verschuldung" zu verstehen ist, eine Antwort gegeben werden kann, muß der problematische Bereich eingegrenzt werden. Auffällig ist ja die Übernahme der „Verschuldungsklausel" gerade für den Affekt. Etwa beim selbstverschuldeten Vollrausch bedarf es eines besonderen Tatbestandes, nämlich des § 323a StGB, um an § 20 StGB vorbei zur Haftung zu kommen. Eine schlichte Nichtberücksichtigung des Rausches wegen „Verschuldung" wird nicht diskutiert und ist auch wegen der Sonderregelung in § 323a StGB nicht diskutabel. Das vom „Verschulden" indizierte Manko an Schicksalhaftigkeit des Defektes kann also die Lösung nicht tragen[10]; denn dann müßten verschuldeter Alkoholrausch und Affekt gleich behandelt werden.

Nun gibt es in der Tat einen Bereich, in dem die Rechtsprechung, freilich gegen Widerstand eines Teiles des Schrifttums (Lenckner 1982, § 21 Rdn. 21), auch beim Alkoholrausch nach der „Verschuldung" fragt und bei „Verschuldung" die Berücksichtigung des Defektes verweigert: Es handelt sich um den Bereich der *verminderten* Schuldfähigkeit[11]. Es besteht also die zunächst widersprüchlich anmutende Judikatur, daß bei Verschuldung eines Alkoholrauschs, der die Schuldfähigkeit erheblich mindert, aber nicht völlig aufhebt, die Strafe für volle Schuld erfolgt, während ein noch stärkerer, eben schuldaufhebender Rausch, auch wenn er verschuldet ist, die Wirkung des § 20 StGB auslöst; es verbleiben dann Vollrausch (§ 323a StGB) und Actio libera in causa. Bei bloßer Schuldminderung wird das Subjekt in seine Vorhandlungen hinein gedehnt, bei Schuld*aufhebung* bleibt es bei der Fixierung an die Zeit der Tatausführung.

9, 10, 11 s. Anmerkungen

Zum Anwendungsbereich der Zumutbarkeitsregeln

Der Grund für diese nur scheinbar widersprüchliche Lösung liegt in folgendem — zutreffenden oder falschen, jedenfalls faktisch leitenden — Verständnis des Vorgangs der Entschuldigung: Beim Rausch, der Schuldfähigkeit nur vermindert, ist immerhin noch ein Subjekt da, das in seine Vorhandlungen hinein erweitert werden kann, während beim Rausch, der die Schuldfähigkeit voll ausschließt, *strafrechtlich* (!) das Subjekt dahin ist und es nichts mehr zu verlängern gibt. Das ist einem Gedanken verwandt, der zur Zeit der Entstehung der modernen Strafrechtsdogmatik im vergangenen Jahrhundert geläufig war: Der Schuldunfähige kann danach zwar in einem äußerlichen, nicht aber im strafrechtlichen Sinne *handeln,* da er keine strafrechtlichen Rechtswirkungen auslösen kann; er ist im strafrechtlichen Sinne überhaupt kein Zurechnungssubjekt.

Beim Affekt kommt es jetzt darauf an, ob sein Bestand wie ein schwerer Rausch als vorübergehendes Auslöschen der Subjektivität verstanden wird oder nur als eine extreme Belastung eines aktuell nach wie vor vorhandenen Subjekts.

Im ersteren Fall wäre es falsch, beim schuldausschließenden Affekt mit der Rechtsprechung auf eine „Verschuldung" abzustellen; im letzteren wäre es so konsequent wie beim entschuldigenden Notstand und beim minder schweren Fall des Totschlags. — Das ist natürlich kein spezifisches Zuordnungsproblem des Affektes, sondern gilt z.B. gleichermaßen für einige andere psychische Verfassungen, die mit den §§ 20 f. StGB in Verbindung gebracht werden, aber nicht als Auslöschen, sondern nur als Belastung eines vorhandenen Subjektes gedeutet werden, so etwa Triebanomalien oder auch Süchtigkeit. Anders formuliert: Auch wenn der Affekt heute unter der Bezeichnung der Schuldfähigkeit läuft, kann es sich doch der Sache nach, wie schon Witter[12] dargelegt hat, um ein Problem der Zumutbarkeit handeln.

Die Konsequenz einer solchen Unterscheidung ist freilich, daß es sich auch in allen Fällen des § 21 StGB um Zumutbarkeitsfragen handelt. Das dürfte zunächst befremdlich klingen. Die Fälle des § 21 StGB scheinen ja z.T. geradezu Prototypen einer somatogenen, also tatzeitfixierten Defektlage zu sein, etwa bei einer Berauschung. Aber das ist nur eine Seite der Medaille. Auf der anderen Seite befindet sich das ja immerhin noch vorhandene, wenn auch reduzierte Subjekt, und was von diesem Subjekt trotz des bestehenden Defektes mit rechtlichem Nachdruck zu erwarten ist, ist nicht allein dem somatischen Befund zu entnehmen, sondern hängt auch von der *Strenge des Maßstabs* ab, der angelegt wird (s. in § 21 StGB: „. . . erheblich . . . kann . . ."). Die Abhängigkeit von einem Maßstab, der sich nicht allein nach der Quantität eines bestimmten körperlichen oder psychischen Befundes richtet, ist das Moment, das alle Zumutbarkeitsfälle verbindet.

Zum Begriff der „Verschuldung"

Die Entscheidung der Frage, ob der im hochgradigen Affekt Handelnde dem voll Berauschten oder dem Psychotiker nähersteht oder aber eher einem Menschen in höchster existentieller Not oder in Zornesaufwallung, kann hier nicht gefördert werden. Die

---

[12] s. Anmerkungen

30

„Verschuldenslösung", also die Zuordnung zur Zumutbarkeit, sei hier so akzeptiert, wie sie von juristischer und psychiatrischer Seite vorgeschlagen und praktiziert wird. Abschließend soll es um die Frage gehen, was denn im Blick auf die Zuordnung zur Zumutbarkeit unter „Verschuldung" verstanden werden muß, auf was für ein Vorverhalten des Subjekts es also ankommt.

Schon vorweg ist klar, daß die „Verschuldung" nicht den Qualitäten einer Actio libera in causa genügen muß; denn dann wäre die Regelung überflüssig. Es ist also nicht erforderlich, daß bei Vorsatztaten zu dem kommenden Besonnenheitsverlust und der Tat eine Vorsatzbeziehung besteht. Das gilt auch für die partielle Actio libera in causa, die mit § 21 StGB verbunden sein kann. Wenn sich ein Täter in einen die Rechtsbefolgung erheblich erschwerenden Affekt *bewußt und mit dem Vorsatz der kommenden Tat* entläßt, kann ihm die Tat partiell direkt und partiell per Actio libera in causa zugerechnet werden. Das sind keine Besonderheiten der Zumutbarkeit. Actio libera in causa ist überhaupt keine zeitliche Ausdehnung des Subjekts, sondern eine partielle zeitliche Verlagerung der Tat.

Um eine zumutbarkeitseigentümliche Form der „Verschuldung" geht es erstmals, wenn zur Tat oder zum Affekt oder zu beidem nur eine Fahrlässigkeitsbeziehung besteht und trotzdem die dann nach dem Verlust der Besonnenheit erfolgende *Vorsatztat* als *vorsätzlich und voll schuldhaft* zugerechnet wird. Das dürfte in dieser Form den strengeren unter den juristischen Autoren (Rudolphi 1981, S. 211) vorschweben. Es fragt sich aber, ob es bei diesem etwas verschämten Eintausch von Fahrlässigkeit in Vorsatz (zu Lasten des Täters) bleiben muß oder ob die Zumutbarkeit nicht noch ganz andere Perspektiven eröffnet; schließlich spricht § 35 StGB nicht von „Verschuldung", sondern von „Verursachung".

Die Beurteilung von Fällen der Zumutbarkeit geht nicht ohne Maßstab. Gewiß ist dabei Gleiches mit gleichem Maßstab zu messen. Die Gleichheit muß aber — und darauf kommt es an — keineswegs allein an der psychischen Verfassung des Täters festgemacht werden. So geht ja das Gesetz auch nicht hin und nimmt beim entschuldigenden Notstand ein bestimmtes Maß von Angst oder im minder schweren Fall des Totschlags ein bestimmtes Maß von Zorn als alleinigen Anlaß der Milderung. Eher im Gegenteil; was das Maß angeht, bleibt das Gesetz nahezu uninteressiert; *es kommt ihm auf den Grund von Angst oder Zorn an,* d.h. das Subjekt wird nicht nur nach seiner psychischen Verfassung, sondern auch nach deren Grund beurteilt. Wenn man Lebensgefahr als existentielle Not empfindet, respektiert das Gesetz die Empfindung und entschuldigt, nicht aber, wenn man etwa den Verlust seines Schrebergartens oder seines Hauses oder seiner Ehe oder seines Lehrstuhls als existentielle Not empfindet, oder aber den Verlust des Lebens, das man ohne guten Grund der Gefahr ausgesetzt hat, mag die jeweilige individuelle Empfindung im Maß durchaus gleich derjenigen bei „unverschuldeter" Lebensnot sein. Es geht hierbei nicht allein um präsumierte Stärken von Not, sondern *vorweg geht es um die Möglichkeit, die Konflikte am Täter vorbei zu erledigen.* Ist das möglich, so wird entschuldigt. „Verschuldung" ist demgemäß ein schiefer Ausdruck für das Verhalten, an dem das Subjekt angebunden bleibt und um dessen wegen dem Subjekt bei seiner Tat die Entlastung versagt bleibt; es geht vielmehr um ein Verantworten-Müssen des Defektgrundes. Negativ formuliert: Es geht um die Unmöglichkeit, den Defektgrund als Zufall oder Schuld dritter Personen oder sonst an dem Verantwortungsbereich des Täters vorbei zu erklären (Jakobs 1976, S. 8ff).

Das muß auf die „Verschuldung" des Affektes übertragen werden. Auch beim Affekt ist nicht allein zu fragen, ob der Täter der psychischen Katastrophenverfassung hätte entkommen können, sondern aus welchem Grund er hineingeriet. Die Antwort kann dann auch lauten, daß der Täter aus einem vermeidbaren, aber dennoch plausiblen Grund hineingeriet und deshalb zu entschuldigen ist. Beispiel: Wenn der Täter in seiner eigenen Wohnung von Personen, die dort nichts oder zumindest weniger verloren haben als er selbst, immer wieder gereizt wird und schließlich in eine affektive Verfassung gerät, so begründet der Umstand, daß er ja hätte aus seiner Wohnung ausziehen können, keine „Verschuldung".

Die Antwort kann auch relativ ausfallen. Was ein akzeptabler Grund sein mag, sich gegenüber einem Quälgeist gehen zu lassen, muß nicht zugleich auch akzeptabel sein in bezug auf eine Widerstandshandlung oder eine Trunkenheitsfahrt. § 33 StGB, die Notwehrüberschreitung, ist hierfür ein gesetzliches Beispiel; denn entschuldigt wird die Überreaktion ja nur, soweit sie *den Angreifer* trifft. Wird von der Abwehrhandlung ein Unbeteiligter, etwa ein nur vermeintlich Angreifender, betroffen, so ist insoweit zu haften. Überhaupt mögen, wie auch der minder schwere Fall der Tötung lehrt, bei einer Tat in einem aggressionsbedingten Affekt unterschiedliche Exkulpationsregeln gelten, ob die Tat den Aggressor oder aber ein Ersatzobjekt trifft. — Ein entwickeltes System fehlt.

Auch wenn es bei diesen Andeutungen zur „Verschuldung" verbleibt, dürfte doch deutlich geworden sein, wie bei der Zumutbarkeitslösung die Erstreckung des Subjekts auf das Vorverhalten, also seine zeitliche Dehnung, den Bereich des Entschuldigten nicht nur verengt, sondern auch erweitert; denn bei einem plausiblen *Grund* zum Verlust von Besonnenheit ist das *Maß* an Verlust sekundär. — Eine Übertragung der Lösung vom Affekt auf einige andere Befunde ist diskutabel; so läßt sich etwa bei einer Sucht, die nicht deutlich somatisch fixiert ist, immerhin noch fragen, ob sie somatogen entstanden ist und deshalb zumindest in ihrem Ursprung am Täter vorbei erklärt werden kann. — Ganz entsprechend ist dann beim allgemeinen Vortatverhalten im Rahmen der Strafzumessung zu verfahren. Das kann hier nicht in Einzelheiten dargelegt werden.

Wenn das Subjekt von der Tatzeit bis hin zu Vorhandlungen gedehnt wird, so geschieht dies also nicht nur zur stärkeren *Be*schuldigung dessen, der durch seine Vorhandlungen den Konflikt „verschuldet" hat, sondern auch zur stärkeren *Ent*schuldigung dessen, der in den Konflikt gestoßen wurde. Freilich werden die Gründe, die einen Täter zur Tat bringen, auch im Bereich der Schuld objektiv gewichtet. Was also ein nicht zurechenbarer Stoß in einen Konflikt ist und was ein zurechenbares Sich-gleiten-Lassen, richtet sich nicht nach der Selbsteinschätzung des Täters, sondern nach einem objektiven Urteil, so wie § 35 StGB nicht auf den subjektiven Grad von Angst, sondern auf den objektiven Grund von Angst abstellt. Das ist so lange eine unübersteigbare Mauer gegen Individualisierung, wie das Strafrecht Erwartenssicherheit garantieren muß.

Anmerkungen

1.S. die bei Schewe (1976), S. 694ff, berichteten Fälle, bei denen der Gutachter aus dem Tatbild auf den Tatablauf und der Richter aus dem Tatablauf auf die subjektive Tatseite schließt.
2.BGH St. Bd. 7, S. 363ff

3. S. schon die Antikritik bei Krümpelmann (1974), S. 337f
4. Eingehend hierzu Stratenwerth (1973), S. 469ff; ders. (1974), S. 289ff; Jakobs (1974), S. 311ff
5. Vermeidbarkeit heißt hier: Der Täter hätte vermieden, wenn er es nur — aus welchem Grund auch immer — gewollt hätte.
6. BGH bei Holtz (1977), S. 458
7. Insbesondere bei Geilen (1972), S. 192ff; Lange (1978), §§ 20 f. Rdn. 28; ders. (1979), S. 275; Rudolphi (1981), § 20; Rdn. 11f, ders. (1974), S. 201f; eingehend zum Problembereich jetzt Jakobs (1983), S. 417ff, 432ff; zum österreichischen Recht s. Moos (1977), S. 808f
8. Krümpelmann (1976), S. 13, 34; Lenckner (1972), S. 117; ders. (1982), § 20 Rdn. 15
9. Erhardt und Villinger (1961), S. 181ff; Witter (1960), S. 28f; ders. (1962), S. 95f
10. Dies entgegen Lange (1978), §§ 20 f. Rdn. 28
11. Nachweise der Rechtsprechung bei Lange (1978), §§ 20 f. Rdn. 95; Lenckner (1982), § 21 Rdn. 20f
12. Witter (1962), S. 91ff; ders. (1960), S. 28f; dagegen allerdings Schewe (1966), S. 84; ders. (1972), S. 134ff

Literatur

Erhardt H, Villinger W (1961) Forensische und administrative Psychiatrie. In: Kisker KP, Meyer JE, Müller C, Strömgren E (Hrsg) Psychiatrie der Gegenwart, Bd. 3. Springer, Berlin Göttingen Heidelberg, S 181ff

Geilen G (1972) Zur Problematik des schuldausschließenden Affekts. In: Schroeder FC, Zipf H (Hrsg) Festschrift für R Maurach. Müller, Karlsruhe, S 173—195

Holtz G (1977) Aus der Rechtsprechung des Bundesgerichtshofes in Strafsachen. Monatsschr Dtsch Recht 31:458—462

Jäger H (1978) Subjektive Verbrechensmerkmale als Gegenstand psychologischer Wahrheitsfindung. Monatsschrift Kriminol Strafrechtsreform 61:297—313

Jakobs G (1974) Vermeidbares Verhalten und Strafrechtssystem. In: Stratenwerth G, Kaufmann A, Geilen G, Hirsch HJ, Schreiber H-L, Jakobs G, Loos F (Hrsg) Festschrift für H Welzel. de Gruyter, Berlin New York, S 307—325

Jakobs G (1976) Schuld und Prävention. (Recht und Staat, Heft 452/453). Mohr (Siebeck), Tübingen

Jakobs G (1983) Strafrecht, Allgemeiner Teil. de Gruyter, Berlin New York

Krauß D (1975) Das Prinzip der materiellen Wahrheit im Strafprozeß. In: Grünwald G, Rudolphi H-J, Schreiber H-L (Hrsg) Festschrift für F Schaffstein. Schwartz, Göttingen, S 411—431

Krauß D (1978) Der psychologische Gehalt subjektiver Elemente im Strafrecht. In: Frisch W, Schmid W (Hrsg) Festschrift für HJ Bruns. Heymanns, Köln, S 11—30

Krümpelmann J (1974) Motivation und Handlung im Affekt. In: Stratenwerth G, Kaufmann A, Geilen G, Hirsch HJ, Schreiber H-L, Jakobs G, Loos F (Hrsg) Festschrift für H Welzel. de Gruyter, Berlin New York, S 327—341

Krümpelmann J (1976) Die Neugestaltung der Vorschriften über die Schuldfähigkeit etc. Z Ges Strafrechtswiss 88:6—39

Lange R (1978) §§ 19—21 StGB. In: Jescheck HH, Ruß W, Willms G (Hrsg) Strafgesetzbuch (Leipziger Kommentar), 10. Aufl. de Gruyter, Berlin New York

Lange R (1979) Ist Schuld möglich? In: Kaufmann A, Bemmann G, Krauß D, Volk K (Hrsg) Festschrift für P Bockelmann. Beck, München, S 261—278

Lenckner T (1972) Strafe, Schuld und Schuldfähigkeit. In: Göppinger H, Witter H (Hrsg) Handbuch der forensischen Psychiatrie, Bd 1, Teil A. Springer, Berlin Heidelberg New York, S 3—286

Lenckner T (1982) §§ 20 f. StGB. In: Schönke A, Schröder H, Lenckner T, Cramer P, Eser A, Stree W (Hrsg) Strafgesetzbuch, 21. Aufl. Beck, München

Moos R (1977) Die Tötung im Affekt im neuen österreichischen Strafrecht. Z Ges Strafrechtswiss 89:796—848

Rasch W (1964) Tötung des Intimpartners. Enke, Stuttgart

Rasch W (1967) Schuldfähigkeit. In: Ponsold A (Hrsg) Lehrbuch der Gerichtlichen Medizin, 3. Aufl. Thieme, Stuttgart, S 55–89

Rasch W (1980) Die psychologisch-psychiatrische Beurteilung von Affektdelikten. Neue Jurist Wochenschr 33 (1. Halbbd):1309–1315

Rudolphi HJ (1974) Affekt und Schuld. In: Roxin C, Bruns HJ, Jäger H (Hrsg) Grundfragen der gesamten Strafrechtswissenschaft (Festschrift für H Henkel). de Gruyter, Berlin New York, S 199–204

Rudolphi HJ (1981) § 20 StGB. In: Rudolphi HJ (Hrsg) Systematischer Kommentar zum Strafgesetzbuch, Bd 1, 3. Aufl. Metzner, Frankfurt

Schewe G (1966) Zumutbarkeit und Zurechnungsfähigkeit. In: Gerchow J (Hrsg) An den Grenzen von Medizin und Recht (Hallermann-Festschrift). Enke, Stuttgart, S 76–88

Schewe G (1972) Reflexbewegungen, Handlung, Vorsatz. Schmidt-Römhild, Lübeck

Schewe G (1976) „Subjektiver Tatbestand" und Beurteilung der Zurechnungsfähigkeit. In: Warda G, Waider H, Hippel R, Meurer D (Hrsg) Festschrift für R Lange. de Gruyter, Berlin New York, S 687–701

Schorsch E, Becker N (1977) Angst, Lust, Zerstörung. Rowohlt, Reinbek

Stratenwerth G (1973) Literaturbericht Strafrecht, Allgemeiner Teil. Z Ges Strafrechtswiss 85: 469–496

Stratenwerth G (1974) Unbewußte Finalität? In: Stratenwerth G, Kaufmann A, Geilen G, Hirsch HJ, Schreiber H-L, Jakobs G, Loos F (Hrsg) Festschrift für H Welzel. de Gruyter, Berlin New York, S 289–306

Witter H (1960) Affekt und Schuldfähigkeit. Monatsschr Kriminol Strafrechtsreform 43:20–31

Witter H (1962) Affekt und strafrechtliche Verantwortlichkeit. In: Würtenberger T, Hirschmann J (Hrsg) Kriminalbiologische Gegenwartsfragen, Heft 5. Enke, Stuttgart, S 89–97

Zum Aussagewert der Handlungsanalyse einer Tat – die psychologische Perspektive

H. Wegener

Vorbemerkungen

Handlungstheorien als wissenschaftliche Grundlage für die Analyse menschlichen Verhaltens sind zwar vielerorts in der Diskussion, doch stehen sie, bei Anlegung der für empirisch-psychologische Forschungen üblichen Maßstäbe, noch in den Anfängen. Und es kann daher nicht Wunder nehmen, daß – nach zahlreichen spekulativen Ansätzen – die experimentellen Untersuchungen sich sehr einfacher Beispiele bedienen (wie z.B. des Verhaltens von Kindern beim Streit um Spielzeug, der Interaktion von Eltern oder Lehrern mit Kindern, dazu u.a. von Cranach et al. 1980). Bezeichnend für den Problemstand erscheint auch das Fehlen einer einheitlichen psychologischen Definition unter deutschsprachigen Autoren (Lenk 1977, 1978; Werbik 1978; Hacker 1978; v. Cranach et al. 1980).

Die Hoffnung auf eine allgemein akzeptierte, integrative Handlungstheorie, die eindeutige Ableitungsregeln für die Analyse einer Tat erzeugen könnte, muß daher zum gegenwärtigen Zeitpunkt noch unerfüllt bleiben. Der heuristische Wert der vorliegenden Erkenntnisse läßt sich jedoch nicht bezweifeln. Daraus rechtfertigt sich auch die vorliegende exemplarische Darstellung.

Der Handlungsbegriff soll, in sehr weitem Sinne, für zeitlich begrenzte menschliche Verhaltenssequenzen stehen, die zielgerichtet und situationsgebunden sind sowie äußerlich sichtbares Verhalten auf molarem Niveau und interne Prozesse molekularer Qualität enthalten. „Handlung" ist dabei im forschungsstrategischen Sinne zunächst lediglich als ein Konstrukt aufzufassen, als hypothetische Prozeßvariable, die einen nicht vollständig beobachtbaren Vorgang repräsentiert, der aus äußerlich erfaßbaren Phänomenen erschlossen wird und weitere begründet.

Modelle erhalten eine besondere Bedeutung für die theoretische Veranschaulichung und systematische Aufklärung menschlicher Handlungen. Sie erfassen angesichts der Komplexität psychischer Phänomene zwar nur die für wesentlich angesehenen Partialaspekte des Gesamtvorganges, erleichtern jedoch dessen Beschreibung und Ordnung sowie vor allem die Entwicklung von Hypothesen und prognostischen Aussagen zur Verifizierung bzw. Falsifizierung im Sinne des Leitsatzes: „Praedictio verificatur, ergo ordo est." Die Übertragung von Modellvorstellungen auf den konkreten Einzelfall, z.B. in der forensischen Begutachtung, erfordert naturgemäß die Beachtung des genannten Pars-pro-toto-Charakters aller Handlungsmodelle.

Der Paradigmawechsel psychologischer Handlungstheorien

Viele Autoren weisen auf einen — auch in anderen Bereichen des Faches erkennbaren — Wechsel der Auffassungen über die wesentlichen, ausschlaggebenden psychischen Elemente einer Handlung hin. Damit ist das Aufgeben der bis in die 60er Jahre hinein weit verbreiteten kausalen Reiz-Reaktions-Konzepte zugunsten der im Rahmen einer „kognitiven Wendung" vordergründig werdenden final ausgerichteten Theorie gemeint. In den letzten Jahren wurde übrigens auch diese letztere mehr und mehr abgelöst oder doch ergänzt durch den interaktionistischen Ansatz.

Die „behavioristischen" Autoren hatten die Handlung als eindeutig durch vorangegangene Reiz-Reaktions-Koppelungen aus der Vorgeschichte des Handlungsträgers determiniert erklärt. Das Verhalten werde „konditioniert". Dieser Konzeption entsprach auch ihre Methode: Nur solche Verhaltenselemente galten als brauchbar für die wissenschaftliche Analyse, die jeder andere Betrachter in gleicher Weise registrieren würde. Diese „Psychologie ohne Bewußtsein" bewertet daher auch sprachliche Äußerungen des Handlungsträgers lediglich als „verbal behavior", als einen neben vielen Aspekten des äußerlich meßbaren Verhaltens, neben Grob- und Feinmotorik, Vasomotorik, Atemfrequenz u.a. Beobachtungsprotokolle und die Analyse von Handlungen erfolgten daher in ähnlich konsequenter Beschränkung auf objektive Daten wie im Tierversuch. Das dahinter erkennbare behavioristische Menschenbild reduzierte das Individuum zum Träger von Reiz-Reaktions-Kausalketten. Diese Methode mußte in der Humanpsychologie als vorgeblich allein legitimes Vorgehen scheitern, da Selbst- und Fremdbeobachtungen aus dem Alltagsbereich ihm deutlich widersprachen. Die Feststellung Epikurs in seinem Brief an Menoikeus mag diese auch in der Gegenwart evidente subjektive Erkenntnis ausdrücken: Jeder hat die primordiale Gewißheit, freier Vollzieher seiner Handlungen zu sein innerhalb der von der Situation auferlegten Grenzen, in denen wir handeln müssen.

Es gilt allerdings, angesichts dieser unübersehbaren handlungssteuernden Wirkung eigener Vorsätze, das Kind nicht mit dem Bade auszuschütten und die Bedeutung objektiver Daten für die Handlungsanalyse nicht zu unterschätzen. Je ungewöhnlicher, abnormer eigenes oder fremdes Verhalten uns erscheint, desto mehr greift unsere Alltagspsychologie zur Erklärung auf nicht subjektive „Ursachen" zurück.

Die konsequent behavioristische Position der Handlungspsychologie wurde durch Tolman (1951) verlassen, der „cognitive maps" mit „means-end-expectation" als intervenierende, innerseelische Prozesse des Handelnden annahm. Seine Theorie vermittelte zwischen den S-R-Konzepten zu den heute vorherrschenden finalen Handlungstheorien. In diesen steht das „purposive behavior", die absichtliche, nach vorn gerichtete, Zielvorstellungen folgende, streckenweise bewußtseinsfähige und durch Wahlmöglichkeiten — im einfachsten Fall Tun oder Unterlassen — ausgezeichnete Verhaltenssequenz im Vordergrund. Lewin (1926) hatte schon in den 20er Jahren Vorarbeit dafür geleistet, und Allports (1949) Persönlichkeitspsychologie betonte die Subjektivität und Einmaligkeit menschlichen Handelns und Fühlens.

Immer wichtiger wurde nun in der Handlungsforschung die Erkenntnis, daß menschliches Verhalten nicht quasi im luftleeren Raum stattfindet. Viele Autoren klassifizieren menschliches Handeln generell als soziales Verhalten (Kassakowski u. Ettrich 1973) oder zumindest als an sozialen Regeln ausgerichtet. Diese Orientierung könne aber

„nicht strikte Gesetzesdetermination bedeuten. Diese Orientierung an Regeln umfaßt deren Befolgen sowie das (besonders etwa das absichtliche) Abweichen von ihnen" (Lenk 1978, S. 337). Motive und moralische Urteile werden in die Handlungstheorie aufgenommen, und diese oft geradezu vom interaktionistischen Ansatz her als Theorie des „sozialen Handelns" thematisiert (Werbik 1978).

Dieser kurze Rückblick auf die Entwicklung der psychologischen Handlungsforschung erinnert an Parallelen in der Entstehungsgeschichte von Handlungstheorien auf seiten der Strafrechtswissenschaften:

Dem kausalen, „naturalistischen" Handlungsbegriff, für den der äußere Effekt wesentlicher Bestandteil war und der den Willen lediglich als Verursacher einbezog, ohne jedoch z.B. Vorsatz oder Motivation inhaltlich zu berücksichtigen, folgten finale Handlungslehren in den Kommentaren. Unter Bezugnahme auf philosophische Abhandlungen über den Willen wurden die Planung sowie die Ziel- und Wegeantizipation als psychische Bestandteile der Handlung wichtig (Welzel 1949, 1961; Stratenwerth 1965). Obwohl sich nicht alle Kommentatoren expressis verbis als Finalisten verstanden (neben den Genannten z.B. Maurach, Zipf 1977; Schaffstein 1979), wird in der forensischen Praxis doch weitgehend unter Rückgriff auf das finale Modell argumentiert.

Ähnlich wie in der psychologischen Handlungsforschung trat im Zuge weiterer theoretischer Differenzierung dann die Betonung des „sozial erheblichen" Verhaltens hinzu und begründete einen sozialen Handlungsbegriff. Wenn das Verhalten das Verhältnis des einzelnen zu seiner Umwelt betreffe und diese berühre, dann liege eine Handlung vor (Jeschek 1978).

Probleme der Bewertung von Fahrlässigkeits- und Unterlassungsdelikten sowie automatisierter Handlungen wurden u.a. gegen den finalen Ansatz und Abgrenzungsschwierigkeiten gegen den sozialen Handlungsbegriff ins Feld geführt, abgesehen von grundsätzlichen Bedenken gegen die weitgehende Psychologisierung.

Insgesamt lassen sich jedoch innerhalb der Strafrechtsdogmatik die Zielgerichtetheit und die Willensbestimmtheit menschlicher Handlungen als Bestimmungsstücke deutlich erkennen.

Die aufgezeigte Parallelität der Entwicklung in Psychologie und Jurisprudenz enthält zwar nicht deckungsgleiche Methoden oder Modelle, doch verweist sie auf gegenseitige Einflüsse. Es muß daher verwundern, daß diejenigen juristischen Kommentatoren, für die der Handlungsbegriff im Mittelpunkt ihrer Verbrechenslehre steht, psychologische Theorien nur in auffallend geringem Maße führ ihre Argumentation heranziehen.

Unsere folgenden Überlegungen zur Handlungsanalyse berücksichtigen nicht mehr kausal-behavioristische Modelle, sondern beruhen im wesentlichen auf dem finalistischen Ansatz.

Empirisch begründete Modelle als Grundlagen für Handlungsanalysen

Die Analyse einer Tat kann — wenn sie nicht auf dem unbefriedigenden Niveau alltagspsychologischer Deskription stehen bleiben soll — nur theoretisch erfolgen.

Die dazu bereitgestellten theoretischen Modelle lehnen sich überwiegend an die Struktur von Flußdiagrammen an; die seelischen Prozesse werden formalisiert als

Stufenfolge dargestellt mit einem Ausgangspunkt (Ist-Zustand) und einem Endpunkt (Soll-Zustand). Dazwischen spannt sich ein verbindendes Netzwerk von Partialprozessen und Knoten (Zwischenpunkten). Nach Art eines Algorithmus zwischen eingebauten Rückschleifen wird die Handlung theoretisch entzerrt und in ihren Einzelelementen sichtbar gemacht. Die starke Betonung kognitiver Bestandteile bildet ein Chrarakteristikum der neuen Handlungstheorien, in denen Denkabläufe, Bewußtseinspräsenz oder, allgemeiner bezeichnet, die Informationsverarbeitung als wichtigste Teile gesehen werden. Die früher so aktuelle Frage „trait versus state" (Persönlichkeitsmerkmal oder situative Bedingungen) verliert an Bedeutung, und die Wechselwirkung zwischen hochgeneralisierten individuellen Verhaltensmustern und Auslösersignalen der Umgebung tritt in den Vordergrund.

Die mit dem Begriff Willensfreiheit verbundenen Aporien bleiben aus der empirischen Untersuchung weitgehend ausgeklammert.

Allgemein akzeptierte Postulate eines strukturell-systemtheoretischen Handlungsmodells haben Parsons u. Shils (1951, 1962) aufgestellt: das Ausgerichtetsein auf vorweggenommene Zustände, auf die Bedingungen der Situation und auf soziale Normen, die Organisiertheit und Verbundenheit mit Motivation, die Bindung an die Aktion eines Individuums (Personsystem) und/oder an soziale Systeme als Interaktion von Handelnden.

Das Urschema für Handlungsmodelle bildet heute die Tote-Unit nach Miller et al. (1973). Sie läßt sich darstellen als kypernetischer Regelkreis, in dem die Ist-Soll-Lage-Diskrepanz laufend stufenlos reduziert wird durch die synchrone Aktivität einer Testphase mit Überprüfung beider Werte, einem erforderlichen Ingangsetzen der korrigierenden Operation und erneuter Testung bis zur Übereinstimmung von Soll- und Ist-Wert. Das Ingangsetzen des Systems wird von den Handlungstheorien in unterschiedlicher Weise auf die Reduzierung eines Spannungszustandes oder auf die Erhaltung eines mittleren Erregungsniveaus zurückgeführt. Wie schon im Reafferenzprinzip nach von Holst und Mittelstaedt wird also die laufende zentripetale Rückmeldung der veränderten Bedingungen in einem Zyklus mit entsprechenden Regelungsprozessen zentrifugaler Richtung gesehen.

Hierarchisch gestaffelte „Pläne" steuern Gesamt- und nachgeordnete Teilschritte, und eine innere Abbildung des eigenen Werteinventars und des Wissens um sich selber (die Autoren sprechen hier von „Bildern" neben den „Plänen") erlauben den oben schematisch gezeigten Vergleich zwischen aktueller Befindlichkeit und erstrebtem Endzustand. In Analogie zur Chomsky-Sprachtheorie (generative Transformationsgrammatik) benutzen sie den Begriff einer allgemeinen Verhaltensgrammatik für generalisierte, universelle, intersubjektiv weitgehend übereinstimmende Muster von Handlungen. Die Aktualisierung betrifft jedoch in der Regel nur Teilmengen aller bereitliegenden kognitiven Elemente.

Die naive Verhaltenstheorie, wie sie schon vor Jahrzehnten in den Willenslehren enthalten war, erscheint hier, ein wenig modifiziert und durch moderne Gedächtnisbefunde ergänzt, nicht gar so weit entfernt. In Form einer „Motivationskette" war sie schon zwischen den Zeilen von Schriften der Würzburger und der Göttinger Schule aufgetaucht: Einer Zielvorstellung sollte der Motivkonflikt folgen mit innerer Entscheidung und dem Entschluß, es wirklich zu tun. Die Ausführung selber bestand dann im Abruf bewußtseinsferner, langzeitgespeicherter Einzelpläne und bewußtseinsnaher, situationsangepaßter Ad-hoc-Pläne. Die ersteren würden wir heute dem Langzeitgedächtnis, die letzteren dem „working memory", dem Kurzzeitgedächtnis zuordnen. Rubinstein (1961) unterschied das Auftreten des Antriebs als Reaktion auf die Außenwelt oder auf bewußt gewordene eigene Bedürfnisse von einer folgenden Phase der Orientierung und der Entscheidungsvorbereitung. Daraus sollte sich der Entschluß für konkrete Ziele und Realisierungswege ergeben mit der folgenden Erarbeitung eines detaillierten Handlungsprogramms. Die Ausführungshandlung sei dann mit steigender Reafferenz unter dem Aspekt der Ziele und Wege begleitet. Als letzte Phase finde eine Überprüfung des Ergebnisses und der Vergleich mit dem Handlungsziel statt.

Hacker (1978), der vor allem berufliche Tätigkeiten in den Blick genommen hat, unterschied die Vorsatzbildung von einer folgenden Orientierung über Aufgabe, Bedingungen und Realisierungsmöglichkeiten und dem Entwerfen des Aktionsprogrammes im Sinne von Ergebnis- und Tätigkeitsmodellen. Erst dann komme es zur Entscheidung über Ausführungsweisen und zur Herbeiführung des Entschlusses. Am Ende stehe die Kontrolle der Ausführung durch rückkoppelnden Vergleich mit Ergebnis- und Tätigkeitsmodellen, d.h. reafferente Sonderformen des Sich-Orientierens.

Bemerkenswert erscheint, daß die genannten Modellbildungen den „Entschluß, es wirklich zu tun" (Ach), den James (1890) bereits als das „FIAT" herausgestellt hatte, als eigenen Schritt im Verlaufe des Willensprozesses betonen. Alle neueren Modelle imponieren durch die Hervorhebung der kognitiven Elemente der Handlung; Handeln wird als Wahlverhalten gesehen, das willkürlich vorbereitet wurde durch Wahrnehmungen, Lernen und Denkprozesse. Eine Handlung wird von einem Plan, der zahlreiche Unterpläne enthält, gesteuert. Am Anfang aber steht immer der Vorsatz als der unausgeführte Teil des Planes. Im Gegensatz zum Modell der Markoff-Kette, also Sequenzen, in denen ein Glied zwangsläufig dem anderen folgt, tritt im Handlungsmodell der Gegenwart das individuelle Bestimmungsstück, der Vorsatz, ein. Die persönliche Lerngeschichte, die gespeicherten Pläne und Bilder im Sinne von Miller et al. (1973), bestimmen die Art des Handelns. Es gibt strategische Prüf- und Entscheidungspläne und taktische Handlungspläne mit unterschiedlichem Grad an Bewußtseinspräsenz; je höher die Hierarchie der Pläne und Bilder, die als Ober- oder Teilziele vorliegen, um so näher stehen sie dem Bewußtsein. Während das Oberziel durchgehend bewußt bleibt, tauchen Unterziele nur vorübergehend im Bewußtsein auf, und Teilhandlungen laufen auch ohne Bewußtsein ab.

Empirische Analyse von Handlungen und deren systematische Fehlerquellen

Nun zum Problem der Analyse einer Handlung. Die empirischen Untersuchungen, z.B. der Berner Arbeitgruppe um v. Cranach et al. (1980), gehen so vor, daß das zielgerichtete Verhalten beobachtet und entweder frei beschrieben oder durch geschulte Rater nach vorher festgelegten Regeln codiert wird. Die sofort folgenden Selbstbeschreibungen des eigenen Erlebens (spontan oder in Interviewform) durch die Handelnden, oft unter Video-Konfrontation des gerade abgelaufenen eigenen Verhaltens, ergeben dann Informationen über diejenigen Kognitionen, die das äußerlich Sichtbare der Handlung begleitet oder gesteuert haben. Durch derartige Versuche mit vielen kurzen Handlungssequenzen wird eine Zuordnung interner zu externen Handlungselementen versucht. Damit ist ein Hauptziel der Handlungsanalysen in der Grundlagenforschung bereits genannt (Newtson 1976; v. Cranach et al. 1980). Diese Forschungen, die auch für die Untersuchung der unterschiedlichen Wahrnehmung einer Handlung durch Aktor und Beobachter bedeutsam sind, stehen leider auch noch im Anfang und erlauben gegenwärtig noch keine sicheren Folgerungen für die forensische Praxis, allenfalls als hypothesengenerierend und damit anregend für die Fragestellungen bei der forensischen Exploration.

Sicherer ist – zur Anwendung bei Handlungsanalysen – unser Wissen über die Bewußtseinspräsenz, also die subjektiven Seiten der Handlung, aus den Befunden über die synchronen Abläufe von verschiedenen psychischen Ebenen in einem gegenüber dem alten Schichtenmodell der geologischen Analogie etwas modifizierten, weil stark dynamisch gemeinten Sinne. Die ältere Willkürmotorik-Theorie des initialen Bewegungsimpulses mit folgender, quasi mechanischer Realisation aufgrund der vorhandenen kinetischen Vorstellungen in unilinearer Richtung via Pyramidenbahn ist ja lange durch die Gestaltkreis-Metapher ersetzt worden. Andererseits gilt aber auch als widerlegt, daß die Handlung in allen ihren Einzelsequenzen bewußtseinspräsent abläuft.

Wir müssen vielmehr davon ausgehen, daß eine Hierarchie vorliegt von Steuerungs- und Regelungssystemen, von Haupt- und Unterplänen auf verschiedenen Operationsniveaus, die mit unterschiedlicher Bewußtseinsnähe ablaufen. Die jeweils benötigten Teilmengen aus langzeitgespeicherten sensomotorischen Mustern werden aus dem Gesamtinventar abgerufen und setzen relativ rigide, starre Teilsequenzen in Gang, ohne daß eine Bewußtseinspräsenz auftritt. Diese Teilhandlungen imponieren dann als „automatisiert". Ganze Planungsketten, längere Zielerreichungsprozeduren (Fuchs 1963) in teilweise formelhafter Verkürzung, in „komprimierter Form", wie Klix einmal sagte, können so dem Langzeitgedächtnis entnommen werden und große Teile einer Handlung tragen. Daneben treten jedoch als konstituierende Elemente einer Handlung immer auch bewußtseinsfähige und auch aktuell bewußt erlebte Inhalte in Form anpassungsbereiter Muster auf, die die Antizipation des Oberzieles und grober Zielerreichungsbedingungen sowie notwendig werdende Ziel- und Wegeentscheidungen betreffen. Die handlungsbegleitenden Kognitionen bestehen also sowohl aus bewußt vorgestellten Vorwegnahmen von Zielen und übergreifenden Gesamtplänen, die allerdings oft in sehr flüchtiger, nicht etwa sprachlich elaborierter Form vorliegen, als auch aus unterschwellig bleibenden, stets verfügbaren Sequenzen (Atkinson u. Shiffrin 1968). Die abnehmende Bewußtseinspräsenz von Elementen einer Handlung im Sinne der Hierarchie von Ordnungs- und Analyseebenen reicht also von dem hellbewußten Ist-Zustand und dem Soll-Zustand mit molarer Planungskontrolle über automatisierte Sequenzen, molekulare Planung und reflektorische Kurzhandlungen, habituierte Alternativen, partielle Veränderungen peripherer und motorischer Bereiche, der Gesamtaktivierung, auxiliare Mitbewegungen bis zur Innervation kleinster Muskelgruppen. Zielwechsel und Kontrollverlust können jedoch, wie auch unerwartete und bisher unbekannte Barrieren, jederzeit Elemente, die in dieser Hierarchie weiter unten stehen, über die Schwelle des Bewußtseins heben.

Für die Analyse von Handlungen erscheinen diese Befunde hoch bedeutsam, doch wäre es auch hier verfrüht, gesetzmäßiger Zuordnungen, z.B. externer motorischer

Vollzüge, mit jenen hierarchischen internen Vorgängen als für die Fälle bewiesen zu behaupten.

Die koexistentielle Einheit, die Isomorphie subjektiv-psychischer Phänomene mit physikalisch-objektivierbaren Daten in Form von Parametern des äußeren Verhaltens, muß noch weiter aufgeklärt werden. Plausibel erscheinen hier allerdings schon heute viele theoretische Ansätze.

Sicherlich ergibt sich aus den genannten Forschungen aber die Forderung, die Analyse einer Handlung auf den verschiedenen Ebenen vorzunehmen, wobei das Modell einer Hierarchie impliziert, daß einem Element auf höherer Ebene, z.B. der strategischen Zielerreichungsebene, immer mehrere Elemente auf den darunter liegenden Niveaus der taktischen und motorischen Vollzüge entsprechen.

Die psychologische Analyse einer Handlung geht aus von einem Modell im nomothetischen Sinne, also einem induktiv, durch Beobachtungen unter gleichen Bedingungen an vielen Menschen gewonnenen, generalisierten Grundmuster, etwa wie es für den normativ-strafrechtlichen Bereich als das Handeln eines „homunculus normalis" unterstellt wurde. Die Schwierigkeit liegt nun jedoch in dem allen Praktikern täglich vor Augen stehenden Problem, die so als Gruppenmittelwerte, als reales Verhalten der Gesamtstichprobe gewonnenen Muster auf die Wirklichkeitsebene des Einzelfalles zu transportieren, also eine idiographische Theorie bzw. Analyse vor dem Hintergrund der generalisierten, gesicherten Gesamttheorie (der $\overline{X}$-Werte) vorzunehmen.

In der Begutachtungspraxis geschieht dies z.B. durch die Suche nach Lücken des konkreten Handelns im Vergleich zu den in einem der genannten Modelle geforderten Sequenzen, z.B. als kurzgeschlossene Verbindung von Zielvorstellung und motorischem Vollzug unter Überspringen der Zwischenglieder. Daneben wird nach Defiziten oder Abweichungen in der Informationsverarbeitung gefahndet, z.B. in Form des Nichterkennens von Alternativen, nach Wahrnehmungsdefiziten im Sinne von Skotomisierungen, und das jeweils für Ober- und Zwischenziele, für Haupt- und Nebenpläne. Die Zugrundelegung des statistischen Durchschnittsverhaltens der Referenzgruppe als Maßstab rechtfertigt sich psychologisch durch die hohe intersubjektive Überinstimmung als Folge von Normierungen und Konventionalisierung.

Eine bedeutsame Fehlerquelle bei dieser vergleichbaren Analyse des konkreten Falles mit Hilfe allgemeiner Handlungsmodelle der oben genannten Provenienz liegt in der Zuschreibung von Zielen und Absichten. Diese Attributionsprozesse gehen aktuell begleitend oder auch nachträglich in jede Deutung menschlichen Verhaltens ein, wobei mit dem Grad der Normabweichung auch die Tendenz des Beobachters ansteigt, extreme Persönlichkeitsmerkmale als ursächlich für das Verhalten zuzuschreiben. Zielzuschreibungen erfolgen sowohl durch den Beobachter einer Handlung als auch durch den Aktor selber. Experimentelle Untersuchungen zur Zeugenaussage haben zeigen können, daß Verhaltenssequenzen, die als auch ein Ziel gerichtet wahrgenommen wurden, erheblich besser erinnert werden, als solche ohne erkennbares Ziel. Für die Analyse einer Handlung erscheint nun aber besonders wichtig, daß die Gliederung, die Unterteilung, die Sequenzierung einer Gesamthandlung durch den Beobachter sehr stark abhängt von den Unterzielen, die er jeweils zuschreibt (Newtson 1976; v. Cranach et al. 1980). Das kann man im Versuch verifizieren, indem man den Betrachter eines Videofilmes über Handlungsabläufe instruiert, jeweils dann mit einem Unterbrecher den Film zu stoppen, wenn seiner Meinung nach eine neue Verhaltenssequenz beginnt. Nicht nur zwischen passiven Zuschauern, sondern auch zwischen diesen und den Darstellern selber, die der gleichen Prozedur unterworfen werden, tauchen recht große Differenzen in der Sequestrierung aufgrund der intermediären Zielzuschreibung auf. Natürlich beruhen sie zum Teil auf Unterschieden der Organisationsstufen, die betrachtet werden (Auflösungsgrad). Eigene Untersuchungen zur mündlichen Berichterstattung über erlebte gegenüber nur vorgestellten sozialen Situationen deuten in dieselbe Richtung (Köhnken u. Wegener 1982).

Die Analyse einer Handlung — Analyse im wörtlichen Sinne als Zergliederung des Ganzen in seine Elemente verstanden — sucht nach Einzelgliedern, nach Sequenzen mit ihren Zielen und Unterplänen. Wenn diese Analyse jedoch im Sinne des eben Berichteten in so deutlicher Weise von Zuschreibungen abhängt, dann kann eine fehlende Deckungsgleichheit zwischen den real abgelaufenen Sequenzen und den ex post vom Handelnden selber und vor allem vom Beobachter rekonstruierten nicht mehr Wunder nehmen. Am Rande sei vermerkt, daß die Sicherheit der Vorhersage eines Verhaltens ansteigt mit der Länge der in die Handlung hineingedeuteten Sequenzen (Newtson 1976).

Als weitere Fehlerquellen seien sprachlich bedingte Schwierigkeiten genannt: Schon zwischen dem realen Erleben des Aktors und dessen sprachlicher Wiedergabe eben dieses Vorganges bestehen Differenzen, weil der Zwang zur sprachlichen Formulierung nicht nur oft durch mangelnde Kompetenz überhaupt zu falschen Encodierungen beim nachträglichen Bericht führt, sondern weil mit dem Umsetzen der bruchstückhaften Erinnerungsvorstellungen an die Handlung in den sprachlichen Bericht jenes Erleben denaturiert werden kann. Damit ist nicht nur die allgemeine Tendenz zur Wiedergabe eigenen Handelns im Sinne der bei der Exploration vorherrschenden Einstellung (z.B. im Laboratoriumsversuch das Bestreben nach rationaler, rechtfertigender Begründung) gemeint, sondern auch die Neigung, Vorgänge, die im realen Handlungsablauf auf bewußtseinsfernen Organisationsstufen abgelaufen sind, jetzt auf eine höhere Ebene zu transportieren. Der explorierende Beobachter kann hier übrigens durch die Art seiner Fragestellung bei der Aufklärung der Tatinnenseite stark provozierend auf den Gesprächspartner einwirken, und wenn dann ein imposantes Panorama iatrogener Artefakte mit beeindruckenden Einblicken in geologische Tiefenschichten (um im Bilde zu bleiben) resultiert, das nur wenig Ähnlichkeit mit den realen Abläufen bei der Tat besitzt, dann liegt es eben nicht nur an bewußt entstellten Erinnerungsvorstellungen auf seiten des befragten Aktors. Dieser verfälschende Einfluß durch Befragungstechniken ist mehrfach experimentell untersucht worden (Clifford u. Scott 1978; Dent 1978; Dent u. Stephenson 1979; Loftus u. Palmer 1974).

Zu den Fehlerquellen der Rekonstruktion auf seiten des Handelnden gehören die nur partielle Beweußtseinspräsenz steuernder bzw. begleitender Kognitionen, die selektive Wahrnehmung bzw. Erinnerung, unkontrollierte und intendierte Verzerrungen im Intervall zwischen dem aktuellen Verhalten und der Rekonstruktion (kognitive Dissonanz, Herstellung der sozialen Erwünschtheit, Zuschreibungen, Rationalisierungen) sowie Verbalisierungseffekte mit Transformation auf höhere Bewußtseinsebenen und damit einhergehenden neuartigen, irrealen Sequenzierungen und Konnotationen.

Die wichtigsten Fehlerquellen bei der Rekonstruktion von Handlungen auf seiten des Beobachters liegen in den genannten Zuschreibungen von Ober- und Unterzielen, durch die der Beobachter in seiner Vorstellung die Sequenzierung der beobachteten oder vorgestellten fremden Handlung strukturiert. Ein Wechsel der Pläne oder Ziele auf seiten des Handelnden wird dabei oft verspätet oder gar nicht erkannt. Es besteht zudem die Tendenz zur stimmigen Abrundung nur fragmentarischer Informationen zu einem sinnvollen Gesamtgeschehen mit Hilfe naiver Alltagspsychologie, Kasuistik und theoretischen Modellbildungen. Schließlich sind Verbalisierungseffekte durch semantische und andere Deckungsungleichheiten sowie die Reproduktionssteuerung durch verbale, nonverbale und paraverbale Verstärkungen bei der Interaktion zu berücksichtigen. Die schematische Darstellung des Beispiels einer unterschiedlichen Sequenzierung einer Handlung durch den Aktor bzw. den Beurteiler mag die Wirkung dieser Fehlerquellen verdeutlichen (Abb. 1).

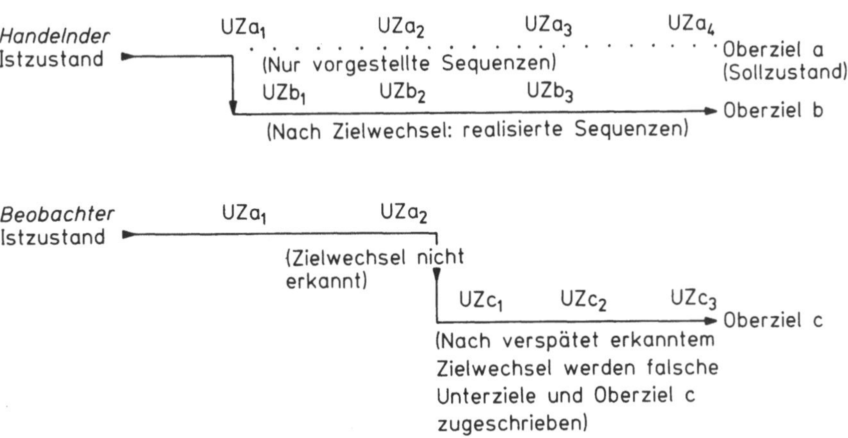

Abb. 1. Vereinfachtes Beispiel für die unterschiedliche Sequenzierung einer Handlung durch Aktor bzw. Beobachter. Der Übereinstimmung in der 1. Phase (mit Oberziel a) folgt die unterschiedliche Aufteilung und Zuschreibung von Unterzielen und Oberziel durch Handelnden bzw. Beobachter. Dieser erkennt den Zielwechsel verspätet und schreibt anstelle der realisierten Sequenzen zum neuen Oberziel b solche für c zu. Diese fehlerhafte Sequenzierung und Zuschreibung tritt sowohl bei der Beobachtung aktueller Handlungen auf wie bei der nachträglichen Rekonstruktion einer Handlung (UZ, Unterziel)

Meine Darstellung ist gewiß nicht dazu angetan, daraus konkrete und wissenschaftlich begründete, einheitliche Analyseregeln abzuleiten.

Der empirisch ausgerichtete psychologische Untersucher neigt bei so viel ungeklärten Fragen unter dem Erfolgszwang zu irgendwie praktikablem Vorgehen leicht dazu, seine Zuflucht bei physiologischen Parametern als vermeintlich harten, objektiven Datengebern zu suchen. Unter der Annahme, daß extreme innerseelische Zustände mit klar umschriebenen physiologischen Erregungsmustern kovariieren (z.B. im Affekt), glaubt man, hier ein einigermaßen sicheres Diagnostikum für die Analyse zu besitzen. Ich möchte hier vor übertriebenen Hoffnungen warnen: Zwar lassen sich quantitative

Informationen aus den bekannten extremen Reaktionen des Herz-Kreislauf-Systems, des Verdauungstraktes, der Willkürmotorik, der Sprechmotorik sowie des Atemapparates gewinnen, doch gibt es auch hier wieder sehr weite interindividuelle Differenzen bezüglich der Erregbarkeit und intraindividuelle, situativ bedingte im Sinne des Ausgangswertgesetzes. Der Nullpunkt dieses erregbaren Systems „handelnder Mensch" müßte vor oder bei Beginn der Handlung festgestellt werden, wenn man sicher abschätzen wollte, welche Bedeutung jenen Ausdrucksymptomen für die Tatanalyse zukam. Es gibt zudem unterschiedlich ausgeprägte Ausdrucksfelder von Mensch zu Mensch, z.B. das Fehlen grobmotorischer Symptome trotz hochgradigen Affekts. Bedeutsamer ist aber die Unspezifität der Erregungsmuster. Da wir den Täter nicht während der Handlung, sondern in einer psychologisch völlig andersartigen Situation untersuchen, sind wir oft auf Eigenbeschreibungen und Zeugenaussagen angewiesen. Es fehlen sichere Zusatzinformationen, die die Qualität der seelischen koexistentiellen Phänomene eindeutig erkennen ließen. Für die Beurteilung der affektiven Erregung könnten daraus dann gewisse Vermutungen abgeleitet werden. Es bleibt aber festzustellen, daß das Hilfskriterium starker vegetativer Erregung keine spezifischen Aussagen zuläßt.

Zusammenfassung und Ausblick

Als Fazit der Darstellung läßt sich zusammenfassen:
1. Der Aussagewert der Handlungsanalyse einer Tat ist in hohem Maße abhängig davon, daß die verschiedenen Organisationsebenen mit unterschiedlicher Bewußtseinspräsenz beachtet werden.
2. Die Analyse, d.h. Aufgliederung einer Handlung nach Einzelschritten, resultiert aus Art und Anzahl der Unterziele, die dem eigenen oder fremden Verhalten intermediär zugeschrieben werden.
3. Körperliche Ausdruckserscheinungen sind mehrdeutig, also unspezifisch, vom Ausgangswert abhängig und für viele Fälle nur quantitativ aussagekräftig.
4. Neuere Ansätze zu empirischen Untersuchungen der handlungsbegleitenden Kognitionen dürften − trotz ihrer „Kopflastigkeit", die durchaus erkannt wird − in absehbarer Zeit eine Reihe von Zuordnungsregeln für die Beziehungen äußerer Handlungsmerkmale und interner Prozesse ermöglichen, die der naiven Handlungspsychologie hinsichtlicher Objektivität, Validität und Reliabilität überlegen sein werden.

Literatur

1. Allport GW (1949) Persönlichkeit. Klett, Stuttgart
2. Atkinson RC, Shiffrin RM (1968) Human memory. In: Spence KW, Pence JT (eds) The psychology of learning and motivation, vol II. Wiley, New York
3. Clifford BR, Scott J (1978) Individual and situational factors in eye witness testimony. J Appl Psychol 63:352−359
4. Cranach M von, Kalbermatten U, Indermühle K, Gugler B (1980) Zielgerichtetes Handeln. Huber, Bern Stuttgart Wien

 5. Dent HR (1978) Interviewing child witnesses. In: Gruneberg MM, Moritz RE, Sykes RN (eds) Practical aspects of memory. Academic Press, London New York
 6. Dent HR, Stephenson GA (1979) An experimental study of the effectiveness of different techniques of questioning child witnesses. Br J Soc Clin Psychol
 7. Fuchs R (1963) Funktionsanalyse der Motivation. Z Exp Angew Psychol 10:35–47
 8. Hacker W (1978) Allgemeine Arbeits- und Ingenieurpsychologie, 2. Aufl. Huber, Bern
 9. Heider F (1944) Social perception and phenomenal causality. Psychol Rev 51:358–374
10. Heider F (1958) The psychology of interpersonal relations. Wiley, New York
11. James W (1980) Principles of psychology. Molt, New York
12. Jeschek HH (1978) Lehrbuch des Strafrechts, Allg Teil. Berlin
13. Köhnken G, Wegener H (1982) Zur Glaubwürdigkeit von Zeugenaussagen: Experimentelle Überprüfung ausgewählter Glaubwürdigkeitskriterien. Z Exp Psychol 29:92–111
14. Kossakowski A, Ettrich K (1973) Psychologische Untersuchungen zur Entwicklung der eigenständigen Handlungsregulation. Deutscher Verlag der Wissenschaften, Berlin
15. Lullies H, Trincker D (1974) Taschenbuch der Physiologie, Bd III/1. Fischer, Stuttgart
16. Lenk H (Hrsg) (1977, 1978) Handlungstheorien – interdisziplinär, Bd 1–4. Fink, München
17. Lewin K (1926) Vorsatz, Wille und Bedürfnis. Psychol Forsch 7:330–385
18. Loftus EF, Palmer JC (1974) Reconstruction of automobile destructiion: an example of the interaction between language and memory. J Verb Learn Behav 13:585–589
19. Maurach-Zipf (1977) Strafrecht, All Teil, 5. Aufl. Karlsruhe
20. Miller GA, Galanter E, Pribram K (1973) Strategien des Handelns. Klett, Stuttgart
21. Newtson D (1976) The process of behavior observation. J Hum Mov Stud 2:114–122
22. Newtson D (1976) Foundations of attribution: The perception of ongoing behavior. In: Harvey J, Iches W, Kidd W (eds) New directions in attribution research. Erlbaum, New York
23. Parsons T, Shils EA (1951) Toward a general theory of action. Harvard University Press, Cambridge
24. Parsons T, Shils EA (1962) Toward a general theory of action. 5th edn. Harvard University Press, Cambridge
25. Prose F (1979) Interaktive Kompetenz und interaktives Handeln. Habilitationsschrift, Universität Kiel
26. Rubinstein S (1961) Grundlagen der allgemeinen Psychologie. Volk und Wissen, Berlin
27. Schaffstein F (1959) Jugendstrafrecht. Stuttgart
28. Stratenwerth (1965) Die Bedeutung der finalen Handlungslehre für Schweizer Strafrecht. Schwz StR 179
29. Thomas A (Hrsg) (1976) Psychologie der Handlung und Bewegung. Hain, Meisenheim
30. Tolman EC (1951) Behavior und psychology of man. University of California Press, Berkeley
31. Welzel H (1949) Um die finale Handlungslehre. Göttingen
32. Werbik H (1978) Handlungstheorien. Kohlhammer, München

Der Stellenwert des Tatverhaltens
bei der psychologisch-psychiatrischen Begutachtung

W. Rasch

Kommunikation und Kompetenzabgrenzung in foro

Forensische Psychiatrie und forensische Psychologie – von der Sache her ist unvermeidlich, die Fächer zusammenzufassen – sind angewandte Wissenschaften. Diese an sich triviale Feststellung hat für die Arbeit der beiden Fächer hohe Relevanz: was sie als Wissenschaften hervorbringen, muß sich gefallen lassen, nach seinem Nutzen für die Alltagspraxis befragt zu werden. Es erscheint als legitimes Anliegen des Praktikers, beim Abtragen des täglich Anfallenden nicht alleingelassen zu werden, sondern zur zügigen Erledigung seiner Aufgaben ein möglichst einfach zu handhabendes Instrumentarium zur Verfügung gestellt zu bekommen. Daneben gibt es offenbar auch das Bedürfnis nach einer eher robusten Ausfertigung dieses Instrumentariums, der Wunsch nach einer Allwetterpsychologie sozusagen, ohne aufwendiges Raffinement, die der Notwendigkeit begegnen kann, sich mit Verständnis- und Verstehensmöglichkeiten einer anderen Disziplin – nämlich der Rechtswissenschaft – auseinanderzusetzen. Der Psychologe und der Psychiater sind gezwungen, wenn sie ihre Wissenschaft in foro sinnvoll praktizieren wollen, Interpretationen anzubieten, die auch einige Chance haben, akzeptiert zu werden. Das Gericht vermag, selbst Darlegungen von höchstem wissenschaftlichen Rang als unbeachtlich oder falsch abzutun. Die weit vorangetriebene Analyse einer Persönlichkeit und ihrer Entwicklung zur Tat finden im Urteil vielleicht nur ihren Niederschlag in der lapidaren Bemerkung, das Motiv der Tat sei im dunkeln geblieben.

Ein entscheidender Umstand, der einer unkomplizierten Rezeption seinswissenschaftlicher Erklärungen und Modelle durch die Jurisprudenz entgegensteht, liegt darin, daß es innerhalb der Rechtswissenschaften ebenfalls eine Handlungslehre gibt, die ähnliche Begriffe und Konzepte mit ähnlicher Bedeutung und ähnlichen Inhalten entwickelt hat (Weisstub 1978). Soweit sich die Rechtswissenschaft für menschliches Handeln interessiert, beschäftigt sie sich mit dem gleichen Gegenstand wie Psychologie und Psychiatrie. De facto besteht zu diesen Fächern in den Rechtswissenschaften ein Parallelsystem, das aber wegen des unterschiedlichen Ansatzes und sich unterscheidender Aufgabenstellung nie deckungsgleich mit einem der Seinswissenschaften sein kann. Soll eine Kooperation der verschiedenen Systeme überhaupt funktionieren, ist es notwendig, einen Bereich zu suchen, bei dem der Zwang zur Auseinandersetzung die Chance der Verständigung eröffnet. Dieser Bereich zwischen den Seelenkundlern einerseits und den Rechtswissenschaftlern andererseits ist die Tat, die es zu beurteilen gilt. Richter und Sachverständige treffen sich in der Handlungsanalyse einer Tat. Die Perspektiven decken sich allerdings nur teilweise.

Der Jurist ist gehalten zu prüfen, ob eine Tat überhaupt eine Tat war, d.h.
1. überhaupt eine Handlung,
2. ein gesetzlicher Verstoß.

Diese Prüfung geschieht nun aber keineswegs stets im Vorfeld der Sachverständigentätigkeit, d.h., noch bevor die „Psych-Fächer" in Aktion treten. Die Unterscheidung: keine Handlung im natürlichen Sinn, fahrlässige Handlung oder Vorsatztat ist zwar im allgemeinen abgeklärt, bevor Anklage erhoben wird. Das bedeutet jedoch nicht, daß der Kelch der Frage nach Vorsatz, Willensrichtung oder Ähnlichem gewissermaßen unauffällig und risikolos am Sachverständigen vorbeigeht. Die Orientierung an äußeren, von der Motivation abgelösten Merkmalen, nach denen es gelingt, eine Tat bestimmten Tatbestandsschablone zuzuordnen zu können, wie Krauss (1978) es gefaßt hat, bleibt notgedrungen ein sehr vordergründiges Bemühen, das in schwierigen Fällen nicht durchgehalten wird.

Die allgemeine Frage, die sich hier unmittelbar anschließt, ist: Welches Maß an Psychologie ist für den Gerichtssaal tragbar? Durchmustert man die einschlägige Literatur, läßt sich der Eindruck gewinnen, die Rechtsordnung sei von einem Zuviel an Psychologie bedroht. Auch forensische Psychiater finden sich in der Verteidigunglinie ein. Das Wort vom „Wassereinbruch der Psychologie" (Haddenbrock 1972) weist auf die Größe der Gefahr und beinhaltet auch ein Urteil über die Qualität des Hereinbrechenden. Im Hinblick auf die erwähnte hauseigene Psychologie der Juristen, die klarer auf die eigenen Zwecke abhebt und zudem die Qual erspart, zwischen einer Vielzahl psychologischer Theorien auswählen zu müssen, ist aus dem Eindringen von Psychologie ins Gericht aber weniger die Warnung vor den Psychologen abzuleiten als die Aufforderung, die eigenen — juristischen — Aufgaben auch wahrzunehmen: Die Krise des Sachverständigenbeweises enthüllt sich, wie Gerchow herausgearbeitet hat, als Krise der richterlichen Urteilsbildung (Gerchow 1964). Eine Besinnung auf die Rahmenbedingungen, unter denen sich Sachverständigentätigkeit im Gericht vollzieht, ist im gegebenen Zusammenhang deswegen eben unerläßlich, weil in der Analyse der Tat die innigste Begegnung zwischen Richter und Sachverständigem stattfindet und damit unvermeidlicherweise die intensivste gegenseitige Beeinflussung. Wenn das Wort von der Krise der richterlichen Urteilsbildung stimmt, so bedeutet das doch, daß infolge einer beim Richter eingetretenen Verunsicherung ein Handlungsfreiraum entstanden ist, durch dessen Sog der Sachverständige zu Aktivitäten veranlaßt wird, die den Kreis der ursprünglich ihm zugedachten überschreiten. Allerdings ist es nun, wie Schewe (1976) differenziert entwickelt hat, nicht mit der Begehung einer Todsünde gleichzusetzen, wenn der Sachverständige seine Kompetenzen überschreitet, weil deren Grenzen eben unscharf sind bzw. so weit reichen, wie sie vom Richter jeweils gezogen werden.

Die Verhältnisse stellen sich jedoch verwickelter dar, sobald man Kompetenzen einmal schlicht als Vermögen, Können oder Fähigkeiten definiert. In diesem Sinn ist es doch sehr leicht möglich, eine Kompetenzüberschreitung zu begehen, d.h., mehr zu sagen, als man nach dem erreichten Stand der Wissenschaft zu sagen berechtigt ist, mehr, als vielleicht je gesagt werden kann. Unter dem Einfluß der Erwartung, die ihm entgegengebracht wird, kann der Sachverständige zu Aussagen verleitet werden, bei denen es sich im Kern um ganz persönliche Ermessensentscheidungen handelt, die als Äußerung eines Fachwissenschaftlers aber die Dignität objektiver wissenschaftlicher

Erkenntnis erlangen. Was im Einzelfall erbitterte Fehden zwischen verschiedenen Sachverständigen im Gericht in Gang bringt und mitunter heftige Pressekritik anstößt, ist in seiner allgemeinen Bedeutung bislang kaum ausgelotet und innerhalb des eigenen Fachs reflektiert worden: die beiläufige Überschreitung der Grenze der fachwissenschaftlichen Erkenntnisse und Erkenntnismöglichkeiten durch den forensischen Sachverständigen.

Was sich der Experte zutraut, das sei noch vermerkt, wird nicht zuletzt durch die Grundauffassung bestimmt, die er von seiner Rolle im Rahmen der sog. Strafrechtspflege hat. Es mutet seltsam an, daß es nur wenige Auseinandersetzungen der forensischen Sachverständigen mit ihren Aufgaben und ihrem Selbstverständnis gibt. Selbst die provokative Schrift Mosers (1971) über die psychiatrische Sachverständigentätigkeit vermochte hierzu nicht anzuregen, sondern blieb nahezu ohne Echo. Der vom Gericht bestellte Fachmann, so scheint es, vermag die Überzeugung nicht aufzugeben, daß seine Beurteilung eines Sachverhalts, einer Tat oder eines Täters streng wertneutral ist, objektiv, rein wissenschaftlich sozusagen. Dieser Mangel an Selbstreflexion, so läßt sich behaupten, steht einer echten wissenschaftlichen Entwicklung der Hilfsdisziplinen auf forensischem Gebiet entgegen, jedenfalls soweit der psychiatrisch-psychologische Bereich betroffen ist. Nur die kritische Selbstreflexion vermag der Gefahr der Überanpassung entgegenzuwirken. Wie viele Sachverständige gehen wohl in die Verhandlung mit dem expliziten oder impliziten Angebot: Wie darf es denn sein?

Diese Einstellung ist fraglos auf das traditionelle Zusammenspiel zurückzuführen, das Sachverständige und Richter seit langem vereint. Dies gilt insbesondere für den Gerichtsmediziner, der dem Juristen oft erst die Grundlagen für sein weiteres Vorgehen liefert, wie auch für den psychiatrischen Sachverständigen, zu dem der Richter, wie Sarstedt es formuliert hat, ein besonders intimes Verhältnis hat (Sarstedt 1968). Die Rechtsprechung hat in den letzten Jahren wiederholt darauf hingewiesen, daß bei der Beurteilung der Täterpersönlichkeit im allgemeinen der psychiatrische Sachverständige — gegenüber dem Psychologen — die bessere Sachkunde mitbringt (Bubnoff 1973). Sofern man bei der Beurteilung der Schuldfähigkeit die Orientierung am Krankheitsmodell nicht aufgeben will — und für diese Beibehaltung gibt es einige gute Argumente —, scheint diese Grundauffassung gerechtfertigt. Fraglich wird die fachliche Kompetenz des psychiatrischen Gutachters aber doch in vielen Fällen, bei denen weniger Krankheit oder Krankheitsartigkeit zu diagnostizieren und zu diskutieren sind, sondern es vornehmlich um eine Gesamterfassung der Persönlichkeit geht. Hier hat sich, so scheint es, zwischen den Gerichten und den psychiatrischen Sachverständigen ein Arrangement unkomplizierten Zusammenarbeitens entwickelt, das auch einen gut Teil der viel berufenen Verständigungsschwierigkeiten zwischen den beiden Disziplinen beseitigt. Die Tat wird zum Symptom für die Persönlichkeit, und mit unverblümter Tautologie wird ein Sexualdelikt einer triebhaften Persönlichkeit zugeschrieben, ein Gewaltdelikt wird auf die Charaktermerkmale Aggressivität und Gemütsarmut zurückgeführt, dem rückfälligen Eigentumsdelinquenten, der sich nicht an den Strafrechtsnormen orientiert, wird Halt- und Willensschwäche attestiert. Im Anschluß an die Psychopathenlehre von Kurt Schneider hat die traditionelle forensische Psychiatrie sich ein System geschaffen, das eben diese tautologischen Erklärungen zuläßt und zugleich gestattet, einer differenzierten Auseinandersetzung mit Entschluß- und Handlungsmöglichkeiten einer Persönlichkeit auszuweichen. Weil sie auch dem Laien einleuchtet, zudem von einem medizinischen Sachverständigen vorgetragen wird, hat eine Westentaschenpsychologie einfachster Provenienz im Gericht hohen Rang zuerkannt bekommen.

Die Handlungsanalyse einer Tat wird den Sachverständigen allerdings häufig im letzten Augenblick abgenötigt. Die Details des Geschehens fügen sich nur allmählich – möglicherweise erst in der Hauptverhandlung – zusammen und sollen zum Tatbild integriert werden. Es liegt in der Verantwortung des Sachverständigen selbst, ob und wieweit er sich in diese Aufgabe einläßt, wenn ihm sonst wenige Daten zur Verfügung stehen. Das Dilemma, das sich hier oft genug auftut, liegt im Auseinanderklaffen der Schwere der Rechtsverletzung und der psychologischen Bedeutsamkeit der Tat für den Betroffenen: Bei relativ einfachem strafrechtlichem Sachverhalt kann die psychologische Situation komplex und kompliziert sein, bei gravierenden strafrechtlichen Problemen ist das dahinterliegende psychische Erleben vielleicht belanglos, alltäglich und normal sozusagen. Oft genug muß in Fällen, in denen der Gerichtsmediziner geladen wird, weil Alkohol mit im Spiel war, vom Sachverständigen aus dem Stand heraus entschieden werden, ob er sich mit der Feststellung der Blutalkoholkonzentration und einer vordergründigen Analyse des Tatgeschehens begnügt oder ob er anregt, den Täter einer eingehenderen Begutachtung zuzuführen. Diese Entscheidung wird sicher nicht einzig von den Schwierigkeiten des Falls bestimmt; in sie hinein wirkt unmittelbar die vorwissenschaftliche und wissenschaftliche Einstellung des gerade mit dem Fall befaßten Gutachters.

Dieses Beispiel belegt, warum bisher vorzugsweise ganz allgemein von Gutachtern gesprochen wurde oder von Gerichtsmedizinern, Psychiatern, Psychologen. Vertreter aller drei Fächer stehen im Dialog mit dem Richter bei der Analyse eines Tatgeschehens. Es wurde bereits darauf hingewiesen, daß die Rechtsprechung eher zögert, den Psychologen als Gesprächspartner anzuerkennen. Das mag schon deswegen verwundern, weil Delikte ganz überwiegend von Menschen begangen werden, die nicht krank im Sinne der psychiatrischen Nosologie sind. Andererseits bringen Psychologen aus ihrer Ausbildung selten ein spezielles Fachwissen für die forensische Tätigkeit mit. Die Erfahrung, die selbst ein psychologischer Laie vor Ort gesammelt hat, scheint wertvoller, weil sie stärker den Bedürfnissen der Praxis bzw. der Rechtswissenschaft entspricht. Dabei geht es nicht lediglich um die bereits erwähnten Kommunikationsschwierigkeiten zwischen Richter und Sachverständigem oder um die beim sog. erfahrenen und beim Gericht beliebten Sachverständigen zu beobachtende Adaption und Überadaption an das juristische System, sondern um eine Vielzahl von Problemen, die mit dem Gegenstand selbst verbunden sind.

Die Handlung oder das Verhalten, das zu beurteilen ist, wurde nicht experimentell provoziert und unter standardisierten Bedingungen beobachtet. Was über das Tatgeschehen ermittelt wurde, ist oft genug unklar, widerspruchsvoll oder lückenhaft, wahrscheinlich in besonderem Maße gerade in den Fällen, in denen ein Sachverständiger zur Beurteilung der Schuldfähigkeit eingeschaltet wird. Betrachtet man Fälle, bei denen es keine Zeugen gibt, so kann eine ganze Skala unterschiedlichen Prozeßverhaltens des Angeklagten die Analyse des Tatgeschehens erschweren: Der Angeklagte kann bestreiten, mit der Sache etwas zu tun zu haben, er kann völlig schweigen oder sagen, er könne sich nicht oder nur unvollkommen erinnern, oder im Laufe des Verfahrens mehrere differierende Aussagen machen. Waren bei der Tat Zeugen anwesend, kann die Situation besser sein, sofern sich nicht unüberbrückbare Widersprüche in den Aussagen auftun. Mangelnde Vereinbarkeit kann es auch zwischen Täter- und Zeugenaussagen einerseits und den vorliegenden Indizien geben.

Der erfahrene Sachverständige weiß selbstverständlich, daß es ein Teil der richterlichen Urteilsbildung ist, Feststellungen zur Tat zu treffen, nicht er, der Sachverständige muß das tun. Und er kann dann das Gericht bitten oder auffordern, mit Anknüpfungstatsachen bedacht zu werden oder alternative Abläufe vorgelegt zu bekommen, zu denen er dann Stellung nimmt. Der Erfahrene weiß aber auch, daß dieses Abspielen an die andere Seite nicht immer mühelos gelingt, mitunter auch gar nicht vollen Herzens versucht wird. Es kann sein, daß der Sachverständige aufgrund seines besonderen Wissens sich ein bestimmtes Bild vom Geschehensablauf gemacht hat, das er für das richtige hält, das sich jedoch von dem der Staatsanwaltschaft, das der Beweisaufnahme offensichtlich zugrundelag, unterscheidet. Häufig wird dann so verfahren, daß der Sachverständige unterstreicht, die Entscheidung liege nicht bei ihm, in einem Halbsatz aber doch offenbart, wie er die Dinge sieht.

In der erwähnten Auseinandersetzung mit dem Begriff der Kompetenzüberschreitung engt Schewe das Problem berechtigt dahin ein, daß gefragt werden müsse, ob und wieweit die sog. Kompetenzüberschreitung der Wahrheitsfindung und der Zusammenarbeit nützen oder schaden könnte. Tatsächlich läßt sich gegen einen Sachverständigen auch der Vorwurf erheben, seiner Aufgabe nicht pflichtgemäß, nicht nach bestem Wissen und Gewissen nachzukommen, wenn er kommentarlos zusähe, daß das Gericht aufgrund falscher Annahmen einem Fehlurteil entgegensteuert. Das Dilemma für den psychologischen oder den psychiatrischen Sachverständigen stammt da her, daß er in vielen Bereichen nicht mit der gleichen Präzision und Zuverlässigkeit seine Befunde darlegen kann wie z.B. der Schußwaffenexperte oder der Blutgruppensachverständige. Die Chance, alle verhaltensbeeinflussenden Variablen in ihrer Totalität zu fassen, ist gering. Hieraus resultiert die bekannte Unsicherheit der Prognosestellung. Der Sachverständige legt möglicherweise nur seine ganz persönliche Meinung dar oder hat eine Konstruktion erarbeitet, die das Geschehen optimal und sozusagen richtig zu analysieren und zu erklären vermag, aber schwer weiterzugeben und schwer zu übernehmen ist. Bürger-Prinz hat in diesem Zusammenhang gefordert, „daß in foro alles psychologische Tun, Verstehen, Deuten, Übermitteln, Aufzeigen und Veranschaulichen nur innerhalb gewisser Breiten tragbar ist, in denen die praktische Verwirklichung des Rechtes und insofern praktisches Umgehen mit Menschen möglich sein muß" (Bürger-Prinz 1950). Die dabei angesprochenen Grenzen sind aber sicher nicht starr, nicht unverrückbar, sie verschieben sich mit der Weiterentwicklung der Verhaltenswissenschaften.

Die Tatanalyse

Nach Darstellung des Hintergrunds, vor dem der Sachverständige Handlungsanalysen in foro betreibt, soll im folgenden versucht werden, die Gesichtspunkte aufzuzeigen, die bei der Analyse zu beachten sind. Es soll das berücksichtigt werden, was eingangs als legitime Forderung der Praxis bezeichnet wurde, und formuliert werden, was als praxisrelevant erscheint. Der höheren Griffigkeit wegen soll dies thesenhaft geschehen.

1. Theoretisch gesehen kann jedes menschliche Handeln das Attribut kriminell erhalten.
Was Kriminalität ist, wird von Definitionen bestimmt, die epochal und kulturabhängig
wechseln.

Darum tut sich die Krimonologie auch so schwer, kriminelles Verhalten zu erklären.
Die verschiedenen Theorien bedeuten im Grunde nur, den gleichen Gegenstand aus verschiedenen Perspektiven zu betrachten. Eine kriminologische Handlungslehre wäre nur
über eine allgemeine Handlungslehre zu leisten. Das Kriterium der Sozialschädlichkeit
trennt nicht verläßlich die kriminellen von den nichtkriminellen Handlungen, da es
sozialschädliche Handlungen gibt, die nicht kriminalisiert werden, und als kriminell
definierte Handlungen, deren Sozialschädlichkeit zweifelhaft ist.

Engt man das Blickfeld auf den Kreis der offiziell registrierten Straftaten ein,
können die Besonderheiten des kriminellen Handelns darin gesehen werden,

a) daß bei Vorliegen bestimmter Tatbestandsmerkmale staatliche Sanktionen einsetzen
   oder zumindest vorgesehen sind,

b) daß das gegen die Normen verstoßende Individuum sich spätestens bei der Konfrontation mit den Sanktionsinstanzen in irgendeiner Weise und auf irgendeiner Ebene
   mit diesem Verstoß auseinandersetzt; anders ausgedrückt: Es sieht sich mit einem
   internen und externen Gewissen konfrontiert.

2. Menschliches Verhalten läßt sich ganz allgemein — also nicht nur das als kriminell
definierte — unter verschiedenen wissenschaftlichen Perspektiven erklären. Die Ent-
wicklung einer allumfassenden Theorie ist nicht zu erwarten und wäre auch nicht
gegenstandsangemessen (Peters 1958).

Die viel erörtere Unterscheidung Kausalität — Finalität betrifft ebenfalls nur derartige
unterschiedliche Perspektiven; Kausalität und Finalität sind nicht Qualitäten der Handlung oder des handelnden Subjekts. Es ist unangebracht, den Begriff des kausalen
Handelns auf im naturwissenschaftlichen Sinn prozeßhaft angestoßenen Handlungen
und Verhaltensweisen zu begrenzen, da dann der Blick dafür verlorengeht, daß Handlungen sich stets unter einem bestimmten Satz von Bedingungen verwirklichen, die
gewissermaßen hinter dem Individuum aufgebaut sind — in seiner Lebensgeschichte
und in seiner Umgebung. Sie stellen die Ursachen des Handelns dar, bedingen die
Kausalität. Erst durch einen im und vom Individuum geleisteten Umsetzungsprozeß
ergeben sich die Ziele des Handelns.

Für eine bestimmte Art kriminellen Verhaltens ist es charakteristisch, aus einem
impulsiven Bedürfnis nach Ausagieren gespeist zu werden, das sich an zufälligen
Objekten entlädt, in anderen Fällen hat die Tat Symbolcharakter, also z.B. Hand-
taschenraub anstelle einer sexuellen Attacke. Wie schon gesagt, ist es für die Tatbe-
standsfeststellung unerläßlich, sich an äußeren Verhaltensmerkmalen zu orientieren.
Für die Beurteilung der psychischen Verfassung des Täters ist in solchen Fällen die
Handlungsanalyse wenig ergiebig. Aus ihr lassen sich insbesondere keine Merkmale
für den Grad der Schuldfähigkeit ableiten.

3. Aus psychologisch-psychiatrischer Sicht ist für die Beurteilung des Schuldfähigkeit nicht entscheidend, in welchem Ausmaß sich der Täter der Antriebe, Motive und bestimmenden Bedingungen seines Handelns „bewußt" war. Die Motive des Handelns werden für diese Frage erst relevant, wenn durch sie auch die Handlungsstruktur und der Realitätsbezug deformiert wurde.

Mit dem Hinweis auf das Begriffspaar Kausalität-Finalität, impulsives Ausagieren und Symbolhandlung gerät die forensische Bedeutung des Unbewußten ins Blickfeld. Die Rechtslehre hat sich in den letzten Jahren mit diesem Bereich wiederholt auseinandergesetzt im Hinblick auf die Notwendigkeit, Affektdelikte, über deren Zielrichtung der Täter sich offenbar nicht im klaren ist, systemgerecht unterzubringen (Lenckner 1972). Gerchow hat schon vor vielen Jahren darauf aufmerksam gemacht, daß die Schwierigkeiten, mit denen sich die Rechtsprechung im Umgang mit den aus „unbewußten" Strebungen gespeisten Delikten konfrontiert sah, in der Regel dazu verleitete, eine Lösung über den Bereich der Zurechnungsfähigkeit zu suchen (Gerchow 1964). Damit wird man der tatsächlichen inneren Verfassung des Täters im allgemeinen jedoch nicht gerecht.

Es ist unvermeidlich, daß wissenschaftliche Begriffe einige Zeit nach ihrer Konzeption vergröbert, vielleicht auch verzerrt im Sprach- und Begriffssystem der Laien auftauchen. Im Gerichtssaal wird der Hinweis auf den Einfluß des Unbewußten mitunter wie die höchste Trumpfkarte eingesetzt, deren Ausspielen die Situation in einem total anderen Licht erscheinen läßt. Wenn dieser Argumentation nicht gefolgt wird, ist der Grund nicht darin zu suche, daß die Zeit nicht reif ist, tiefenpsychologisches Gedankengut in die Jurisprudenz aufzunehmen (Gschwind 1974), sondern weil sich die Rechtsprechung bei diesem Versuch in unlösbare Widersprüche verheddern würde.

Die zahlreichen Paradoxien, die dem Begriff des Unbewußten im tiefenpsychologischen Sinn anhaften, sind unlängst von Moore subtil herausgestellt worden (Moore 1979). Es ist notwendig, sich zu vergegenwärtigen, daß die meisten Handlungen unbewußt, d.h., ohne bewußte Reflexion vollzogen werden: Handeln aus un- und unterbewußter Motivation ist ein alltägliches Geschehen. Die Grenze, von der ab Motive bewußtseinsfähig gemacht werden können, ist fließend. Zudem hat, was im Unterbewußtsein geschieht, unterschiedliche Qualität. Tiefenpsychologisch besteht einerseits die Tendenz, strafbare Handlungen aus unbewußter Motivation zu exkulpieren, zum anderen aber, jemand moralisch für sein Unterbewußtsein verantwortlich zu machen, z.B. für Fehlleistungen. Im Verkehrsrecht neigen wir dazu, wie Jakobs gezeigt hat, jemand gerade für das Versagen der ins Unbewußte oder Vorbewußte verlagerten Automatismen verantwortlich zu machen (Jakobs 1978). Entscheidend für die Beurteilung der Schuldfähigkeit bei Vorsatztaten ist, daß die – bewußte oder unbewußte – Motivation willkürlich in Handeln umgesetzt wurde und in einem allgemeinen realen Sozialraum. Eine Beeinträchtigung der Steuerungsfähigkeit ist erst zu diskutieren, wenn das Handeln selbst unflexibel und festgelegt ist und/oder wenn der Realitätsbezug der handelnden Perseon beeinträchtigt ist.

Als schwerwiegender Einwand für die Praxis sei noch erwähnt, daß sich die Rechtsprechung, so sie die eigene Handlungslehre in der Begegnung mit der Tiefenpsychologie aufgibt, sich mit mehreren kompetierenden Theorien und ins Beliebige gehenden be- oder entlastenden Interprepationen auseinandersetzen müßte.

4. Das Tatverhalten erlaubt isoliert betrachtet keine verbindlichen Rückschlüsse auf die psychische Verfassung des Täters oder seiner Motive. Gleiches Handeln kann durch verschiedene psychische Ausgangslagen bedingt sein, unterschiedliches Handeln durch die gleiche Motivation.

Der Versuch, die Persönlichkeit und ihre Motivation von der Tat her zu erfassen, überfrachtet den Augenblick der Tat. Nur der umgekehrte Weg ist gangbar: die Erfassung der Motivation der Handlung über die Persönlichkeit und ihrer Entwicklung. Die Anstrengungen, aus dem Tatgeschehen Rückschlüsse auf die Persönlichkeit zu ziehen, sind oft unverkennbar von einer billigen und böswilligen Entlarvungspsychologie geleitet, die durch Nachweise des Fehlens sog. Persönlichkeitsfremdheit darum kämpft, jemand als tatverantwortlich festzunageln.

5. Details des Tatverhaltens geben weder Auskunft über das Vorliegen von Krankheit noch über eine andere Art von psychischer Störung, die die Schuldfähigkeit beeinträchtigt.

Aufgrund eines rationalistischen Entwurfs von korrektem Verhalten eines Verbrechers wird mitunter eine im Rechtssinn gestörte psychische Verfassung des Täters behauptet, wenn einzelne Verhaltensmerkmale nicht diesem Klischee entsprechen. Symptome, die bei Gewaltdelikten früher als Hinweis auf eine beginnende Schizophrenie gewertet wurden, sind in den letzten Jahren als Belege für die Schwere eines zur Tatzeit bestehenden Affekts benutzt worden, z.B. Sinnlosigkeit der Tat, Begehung in der Öffentlichkeit, Verzicht auf Flucht und Verheimlichung, stattdessen Selbstgestellung bei der Polizei, Selbstmordgedanken und Selbstmordversuche. Die Bewertung dieser Merkmale, wie auch z.B. Vorsicht und Umsicht, Ablassenkönnen, Zweckmäßigkeit des Vorgehens, Verheimlichung und Leugnen, lassen sich erst dann verwerten, wenn ihr Stellenwert feststeht.

Ähnlich ist es mit speziellen Arten der Tatausführung. Genitale Verletzungen, Bisse o.ä. können, müssen aber nicht unmittelbare Hinweise auf eine sexuelle Abnormität des Täters sein. Kommt ein derartiges Verhalten bei einem Täter wiederholt vor, gewinnt es Gewicht, jedoch im Hinblick auf die eingetretenene Stereotypisierung und Fixierung. — Schwere und Vielzahl von Verletzungen können dann auf einen Affekt hindeuten, wenn sich auch sonst Hinweise auf eine zur Tatzeit bestehende affektive Erregung finden.

6. Um so größer die lebensgeschichtliche Bedeutung einer Tat ist, desto mehr Aufmerksamkeit verdienen Persönlichkeit und Entwicklung des Täters gegenüber dem Tatgeschehen selbst

Um zu fundierenden Antrieben zu kommen, bedarf es, wie Bürger-Prinz (1950) bemerkt hat, vom Querschnitt eines Lebens herkommend, schließlich den ganzen Längsschnitt aufzurollen. Wenn die Tat ihren Anstoß aus zentralen Belangen der Persönlichkeit erhielt, seien sie normalpsychologisch auflösbar, abnorm oder eindeutig krankhaft, vermag die Tatanalyse meist nur wenig für die Beurteilung des Geschehens beizutragen.

Die Tat erscheint als Abschluß einer Entwicklung, die durch eben diesen Abschluß ihren entscheidenden Bezugspunkt erhält, zu dem hin sich die einzelnen Fakten auforganisieren lassen. Das Tatgeschehen ist die Conditio sine qua non, erst durch das Ereignis selbst erhält die vorangegangene Entwicklung ihren „Sinn“; es erscheint aber vielfach als nahezu zufällig, ob das spezielle Geschehen in Gang kommt oder nicht und in welcher Weise sich die Tat vollzieht. Zu prüfen ist in diesem Fall allerdings, wenn die Schuldfähigkeit des Täters zur Diskussion steht, mit welcher Gewichtigkeit sich die der Tathandlung eigene Dynamik auf eine ohnehin schon pathologisch veränderte psychische Verfassung aufpropfte.

In der Längsschnittbetrachtung schiebt sich zwangsläufig die Frage nach dem Sinn der Straftat in den Vordergrund. Die Frage ist dadurch besonders bedeutungsvoll, weil der Begriff der Sinnkontinuität und deren Durchbrechung in der traditionellen psychiatrischen Nosologie eine zentrale Stellung hat. Die dogmatisch vertretene Lehrmeinung lautet: Krankheiten durchbrechen die Sinnkontinuität eines Lebens, und eben dieses schicksalhafte Herausfallen bildet die Basis für die Zuerkennung von Schuldunfähigkeit. Dieser Annahme läuft die laienhafte Argumentation parallel, die in Strafverfahren bei trivialen wie schweren Delikten häufig vorgebracht wird: Die Tat sei sinnlos und deswegen nicht normal und daher zu exkulpieren. Diese Argumentation übersieht, daß das Gelingen oder Nicht-Gelingen von Sinndeutung von der benutzten Perspektive abhängt. Eine Tat, die dadurch ihren Sinn erhält, weil bei retrospektiver Betrachtung in ihr ein ganzes Leben kulminiert, kann unter einem anderen Bezugssystem – z.B. dem sozialen – als „sinnlos" erscheinen.

Ähnlich verhält es sich mit dem in der forensischen Begutachtung beliebten Begriff der Persönlichkeitsfremdheit. Der Begriff läßt außer acht, daß die Persönlichkeit kein statisches Gebilde ist, sondern Wandlungen und Entwicklungen unterliegt, die mit Veränderungen der aktuellen Handlungsbereitschaft einhergehen. Hieraus folgt, daß Handlungen eigentlich nie persönlichkeitsfremd sein können, obwohl sie bezogen auf einen früheren Querschnitt der Persönlichkeit als nicht zu ihr passend anmuten mögen. Der Begriff der Persönlichkeitsfremdheit berücksichtigt aber auch nicht die Verhaltensdetermination durch die gerade wirksamen situativen Bedingungen (Debuyst 1977).

7. Taten, die durch ihre Einlagerung in eine bestimmte aktuelle Situation eine periphere Stellung in der Persönlichkeit und ihrer Entwicklung haben, lassen sich eher durch eine Analyse des Tatverhaltens und eben dieser Situation beurteilen.
Am ehesten sind hierunter Taten zu fassen, die innerhalb einer akuten Intoxikation, am häufigsten also in einem Alkoholrausch begangen werden. Eine genauere Beschäftigung mit dem Täter, auf die aus prozeßökonomischen Gründen allerdings in der Regel verzichtet wird, kann ergeben, daß hinter dieser Tat eine konflikthafte Verwicklung stand und der Alkohol lediglich katalysierende Bedeutung für die Abreaktion einer inneren Spannung hatte. Steht sonst nicht viel auf dem Spiel für den Angeklagten, läßt es sich fragen, ob es sinnvoll ist, wegen eines vielleicht einmaligen banalen Vorfalls seine spezielle Lebensproblematik zu enthüllen und aktenkundig zu machen. Manche Angeklagte scheinen in dieser Beziehung durch ihren Anwalt, der eine Begutachtung veranlaßt, schlecht beraten.

Als Taten, bei denen die Analyse der aktuellen Situation trächtiger ist als eine angestrengte Beschäftigung mit der Täterpersönlichkeit, sind noch jene zu nennen, die in Mittäterschaft begangen worden sind, also unter der Beteiligung eines oder mehrerer Täter. Die Dynamik dieser Taten erwächst entscheidend aus Rollenzuweisungen und Rollenerfüllungen, d.h. aus gegenseitigen Erwartungen und dem Bemühen, den Erwartungen nachzukommen, aus zufälligen Konstellationen, aus Verständigungsmög-

lichkeiten. Durch die Gemeinsamkeit entsteht möglicherweise etwas, was jeder einzelne
der Beteiligten nicht vollbracht hätte, was er im Nachhinein als unverständlich und
fremd ablehnt. Die Persönlichkeit tritt völlig zurück hinter dem Kraftfeld der Situation selbst.

*8. Die Beurteilung des Tatverhaltens wird oft dadurch erschwert, daß die Details der
Handlung nicht erkennen lassen, was der Täter „eigentlich" will.*
Bei früherer Gelegenheit habe ich versucht aufzuzeigen, wie zwei Handlungsketten
quasi gleichwertig neben- oder gegeneinanderlaufen können und das ambivalente Tun
schließlich in einer „faktischen Lösung" sein Ende findet, fast zufällig, wie man sagen
möchte (Rasch 1964). Im Bewußtsein des Täters sind, wie aus Äußerungen und Handlungen ablesbar ist, beide Intentionen präsent. Es liegt nahe, daß er bei einer späteren
strafrechtlichen Konfrontation sich eher auf die weniger belastende Handlungskette
besinnt.

Das Verhalten vor der Tat weist auf die Entwicklung einer spezifischen Handlungsbereitschaft, die vom späteren Täter gelebt, aber nicht reflektierend erlebt wird. Hier
wird noch einmal die Bedeutsamkeit sog. unbewußter Strebungen ansichtig. Die zur
Straftat drängenden Antriebe sind eigentlich ständig Gegenstand einer inneren Auseinandersetzung, werden aber nicht als Motiv gesehen und in ihrer Gefährlichkeit nicht
richtig eingeschätzt, weil das durch sie signalisierte Tun im übrigen nicht zum Selbstbild des Betreffenden paßt. Diese anhaltende innere Auseinandersetzung läßt die prinzipiell erhaltene Möglichkeit zur Distanzierung erkennen. Sie indiziert, daß die Schuldfähigkeit nicht aufgehoben ist. Eine psychische Veränderung dieses Schweregrads ist
erst zu diskutieren, wenn keine Variation des Verhaltens mehr möglich ist und/oder
der Realitätsbezug verloren gegangen ist.

*9. Kriminelle Karrieren wie auch die Entstehung einzelner schwerer Taten beruhen
auf Persönlichkeitsentwicklungen, die überindividuelle Muster aufweisen. Die angemessene Beurteilung des Einzelfalls im Hinblick auf die Schuldfähigkeit wie auch auf
therapeutische Chancen ist leichter, wenn man in der Lage ist, die individuelle Problematik vom typischen Verlauf abzutrennen.*
Die Entdeckung und Beschreibung derartiger Verläufe haben hohe Relevanz für die
Praxis: Wäre es möglich, sich in foro schnell über das Bestehen und die Art einer bestimmten Entwicklung zu verständigen, könnte in einzelnen Verfahren vieles an
Zufälligkeit der Beurteilung ausgeräumt werden. Es war weiter oben davon die Rede,
daß die Interpretation eines Falls unter Umständen Konstruktionen entwickelt werden, die nicht weitergegeben bzw. nicht übernommen werden können. Jeder persönliche
Deutungsprozeß ist mit dem Mangel behaftet, vom Deutenden in die ihm passende
Richtung gelenkt zu werden, es steht ihm auch frei, bis zu welchem Punkt er die
Analyse treibt, wann er sie abbricht.

*10. Die Benutzung einer angemessenen Analyse der Tat und der Tatvorgeschichte
machen es dem Täter selbst leichter, sich mit dem Geschehen auseinanderzusetzen,
es zu verarbeiten.*
Die Notwendigkeit der Rechtsprechung liegt darin, zu Feststellungen zu kommen, die
sich mit strafrechtlichen Bestimmungen in Deckung bringen lassen. Dieses Vorgehen

sollte eigentlich nicht durch eine Psychologie gefährdet erscheinen, die dem Kern der Geschehnisse näher kommt, als dies eine Orientierung an groben Tatbestandsschablonen möglich macht, da die strafrechtlichen Tatbestandsmerkmale im allgemeinen eine weite Interpretation zulassen. Der Täter fühlt sich oft für eine Tat verurteilt, die nicht die seine ist, sondern die man ihm übergestülpt hat. Ihm die Chance anzubieten, sich über sein Leben und seine Delinquenz besser klar zu werden, dient auch der Wiederherstellung des Rechtsfriedens, die durch die Verurteilung angestrebt wurde.

Dimensionen der Beurteilung

Die Thesen zur Tatanalyse und ihre Begründungen sollten den begrenzten Wert der isolierten Analysen darstellen. Eine Suche nach fundierenden Antrieben für das Verhalten zwingt in der Regel, das Betrachtungsfeld zu erweitern bzw. herauszutreten aus dem bühnenartigen Schaukasten, der das Tatgeschehen umschließt. Als eine verhängnisvolle Konsequenz der Anpassung an das juristische System, die mit einer längeren Gutachtertätigkeit verbunden ist, kann gelten, wenn der psychologisch-psychiatrische Sachverständige nicht mehr die Notwendigkeit empfindet, aus dem engen Bezugssystem ,,Tat" herauszutreten, sondern sich begnügt, seine Beurteilung aus vordergründigen Verhaltensaspekten abzuleiten. Die Auflage, die in der gesetzlichen Formulierung ,,zur Zeit der Tat" liegt, macht eine Auseinandersetzung mit der psychischen Verfassung zur Tatzeit unerläßlich, sie ist es auch aus der Sicht des Gutachters. Jedoch hat sie für ihn keine zentrale Bedeutung. Das Tatverhalten bildet nur einen Teil des Mosaiks, das langsam zusammenzufügen ist. Die Teile besitzen je nach Lage des Falls unterschiedliches Gewicht. Die zu berücksichtigenden Dimensionen sind die Persönlichkeit, körperliche Befunde, exogene Einflüsse, die Entwicklung zur Tat, das Verhalten vor, bei und nach der Tat. Im einzelnen ist hierzu zu sagen:

Die Persönlichkeit

Forensische Psychiatrie und Psychologie haben viel von der Unschuld verloren, mit der sie in früheren Zeiten bereit waren, das Seelenleben des typischen Verbrechers zu beschreiben. Das hat zahlreiche Gründe. Zum einen ist hier die durch die Ergebnisse der Dunkelfeldforschung ansichtig gemachte Ubiquität deliktischen Verhaltens zu nennen, wie auch die Einsicht, daß ,,der Kriminelle" letztlich Produkt eines komplizierten Interaktionsprozesses ist. Zum anderen aber hat in der allgemeinen Psychologie immer stärker an Konturen verloren, was als ,,Persönlichkeit" aufzufassen ist. Gleichwohl hat sich damit für die forensische Psychologie und Psychiatrie das Persönlichkeitskonzept nicht gleichsam aufgelöst. Bei der Beurteilung des Einzelfalls interessieren z.B. Dimensionen wie emotionale Labilität, Psychasthenie und Bindungsarmut als Variablen, die vermehrte Störbarkeit und Schwierigkeiten in der Sozialanpassung indizieren. Die Untersuchung mit standardisierten psychologischen Tests vermag unter Umständen das Ausmaß der bestehenden psychischen Abweichung darzutun und durch Ermittlung des Prozentrangplatzes einen Vergleich des begutachteten Täters mit dem Durchschnitt seiner Rechtsgenossen zu ermöglichen. Dadurch wird klarer, welche rechtlichen Erwartungen und Anforderungen an ihn gestellt werden können.

Körperlicher Befund

Der Hinweis, bei der gutachterlichen Beurteilung einer Tat körperliche Befunde nicht außer acht zu lassen, ist nicht mit der von bestimmten psychiatrischen Kreisen vertretenen Schulmeinung zu verwechseln, daß einer psychischen Störung nur dann strafrechtliche Relevanz zuzumessen ist, wenn sie auf einen körperlichen Prozeß zurückgeführt werden kann. Nach dem Gesetz ist die Beurteilung der Schuldfähigkeit an dem Vorliegen bestimmter psychischer und normativer Voraussetzungen auszurichten, die nicht notwendigerweise auf körperlicher Krankheit beruhen. Unabhängig von einer möglichen nosologischen Verbindung zwischen körperlicher Erkrankung und psychischer Abnormität ist jedoch zu prüfen, welcher Einfluß von körperlichen Abweichungen im weitesten Sinn ausgehen kann.

Zu denken ist hier etwa an eine durch Erschöpfung, mangelnde Nahrungsaufnahme, Schlafentzug oder eine Infektionskrankheit bedingte Reduzierung der körperlichen Verfassung. Derartige „konstellative Faktoren" führen nicht zwangsläufig zu einer Einschränkung der Schuldfähigkeit, gehen jedoch vielfach mit einer vermehrten Störbarkeit und Verletzlichkeit einher. Unter Umständen treten die körperlichen Erscheinungen erst als Folge einer psychischen Überforderung auf und greifen dann kreishaft als zusätzliche Störfaktoren ein. Beachtenswert als Indikation für eine erhöhte Vulnerabilität sind auch diskrete neurologische oder elektroenzephalographische Befunde. Sie erlauben keine unmittelbaren Rückschlüsse auf die psychische Verfassung — ebensowenig wie Chromosomenanomalien oder hormonelle Dysfunktionen —, legen aber eine besonders eingehende Prüfung der Frage nahe, wie eine mit derartigen Abweichungen ausgestattete Persönlichkeit ihre Antriebe zu organisieren und sich auf soziale Anforderungen einzustellen vermag.

Exogene Einflüsse

Unter dem Begriff exogen werden in der Psychiatrie psychische Störungen zusammengefaßt, die auf eine bekannte körperliche Ursache zurückzuführen sind, z.B. psychische Veränderungen im Gefolge einer Hirnverletzung. Forensisch hat die Alkoholintoxikation die größte Bedeutung. Im Prozeß wird vielfach auch der Einfluß bestimmter Medikamente geltend gemacht. Es empfiehlt sich, in der Begutachtungssituation routinemäßig nach der Einnahme von Mitteln oder der Möglichkeit von Entziehungserscheinungen zu fragen. Im Strafverfahren wird von psychologisch-medizinischen Laien oft die Annahme vertreten, die Einnahme einiger Tabletten könne eine Persönlichkeit von Grund auf verändern, also einen bis dahin wohlangepaßten Bürger zum rasenden Monstrum verwandeln. Tatsächlich ist es aber so, daß beim Menschen nicht sozusagen alles möglich ist, sondern daß Verhaltensauffälligkeiten innerhalb einer begrenzten Zahl wohlstudierter Syndrome zu erwarten sind. Nicht selten kommt es vor, daß ein Sachverständiger, der mit Fragen konfrontiert wird, die naturwissenschaftlich neben der Sache liegen, in die Falle unwissenschaftlicher Argumentation tappt und sich bemüht, doch irgendwie mit einer Antwort aufzuwarten.

Für die Analyse der Tatsituation ist die Unterscheidung wichtig, ob der toxische Einfluß – also z.B. die Alkoholisierung – einen Ausnahmezustand hervorrief oder nur eine bereits vorgegebene Handlungsbereitschaft katalysierte.

Diese Unterscheidung erlaubt in der Regel auch eine Trennung zwischen aufgehobener und nur eingeschränkter Schuldfähigkeit.

Die Entwicklung zur Tat

Die Entwicklung zur Tat ist in zweifacher Hinsicht wichtig: Zum einen eröffnet eine retrograde Analyse der Tatvorgeschichte und der in sie eingelagerten Persönlichkeitsentwicklung des Täters Einblicke in die Motivstruktur, zum anderen können sich aus ihr Hinweise auf eine psychische Veränderung ergeben, aus der unmittelbare Konsequenzen bei der Beurteilung der Schuldfähigkeit zu ziehen sind. Die Prüfung ist bei schweren einmaligen wie bei banalen Delikten oder auch bei Serientaten sinnvoll. Bis zu welchem Grad man sie betreibt, ist danach zu entscheiden, was für den Täter auf dem Spiel steht. Zu untersuchen ist die Herausbildung der Tat- oder Handlungsbereitschaft, d.h. einer bestimmten Haltung und Gestimmtheit, die eine Plattform für die Begehung der in Frage stehenden Tat oder Taten darstellt.

Bei einmaligen schweren Delikten wie beim Totschlag entsteht die spezifische Tatbereitschaft vielfach im Rahmen einer biographischen Krise, bei kriminellen Karrieren läßt sich nicht selten die Entstehung eines bestimmten Handlungsmusters feststellen, das als eingeschliffenes Verhalten unter bestimmten äußeren Bedingungen immer wieder einspringt. Die Analyse der Entwicklung und der aus ihr resultierenden inneren Verfassung des Täters ermöglicht eine bessere Identifizierung der zum strafbaren Verhalten führenden Kräfte als die Konzentration auf ein „Motiv".

Die Entwicklung ist gerade bei schweren Delikten vielfach gleichbedeutend mit einer progredienten psychischen Abnormisierung, die im gesetzlichen Sinn einer schweren anderen seelischen Abartigkeit entspricht. Die psychische Verfassung kann durch anhaltende konflikthafte Belastungen krankheitsartig verändert sein, d.h., Stimmungs- und Verhaltenselemente aufweisen, wie sie sonst bei psychischen Krankheiten im engeren Sinn zu beobachten sind. Vom Ausmaß der eingetretenen Persönlichkeitsdeformierung der Einengung des sozialen Lebensraums, der Veränderung des Realitätsbezugs und des Verlusts an Flexibilität hängt ab, ob Konsequenzen bezüglich der Schuldfähigkeit zu ziehen sind.

Das Verhalten unmittelbar vor, während und unmittelbar
nach der Tat

In der oben geführten Diskussion war versucht worden, darzustellen, daß die Analyse des Tatverhaltens, zu dem auch die Zeit unmittelbar vor- und nachher gehört, nur in Verbindung mit dem Hintergrund und der Gesamtsituation durchzuführen sind. Nur nach Prüfung der anderen Dimensionen läßt sich abschätzen, welches Gewicht dem

Tatverhalten selbst zugebilligt werden soll. Das Tatverhalten ist vergleichsweise wenig bedeutsam, wenn eine schwere Persönlichkeitsveränderung oder eine Psychose zu diagnostizieren ist. Zweckmäßigkeit des Vorgehens, Verheimlichungstendenzen oder Geständnisfreudigkeit, Flucht oder Selbstgestellung, Ablassenkönnen oder überschiessende Ausführung: dies alles kann erst dann besondere Aufmerksamkeit beanspruchen, wenn man nicht eine psychopathologische zu definierende Handlungsbasis anzunehmen hat.

Ist sicher, daß eine grundlegende psychopathologische Persönlichkeitsverformung nicht besteht, sondern lediglich das Vorliegen einer akuten Veränderung zu diskutieren ist – wie z.B. infolge einer Intoxikation oder einer affektiven Erregung –, ist vor allem zu prüfen, ob das aktuelle Tatverhalten ausnahmezustandhaftes Gepräge besaß. Dies ist nicht der Fall, wenn im Verhalten evident wird, daß sich der Täter an den wechselnden Erfordernissen der Situation zu orientieren vermochte, also nicht völlig eingeengt ein bestimmtes Handlungsziel verfolgte. Zu den Möglichkeiten äußerer Beeinflussung ist auch das gelungene Zusammenspiel mit Mittätern zu rechnen. Die Bindung der Beurteilung der Schuldfähigkeit an die Prüfung einer ausnahmezustandhaften Einengung hat den Vorteil, bei der Tatanalyse nicht auf ein völlig neues Konstrukt zurückgreifen zu müssen, sondern die Orientierung am Krankheitsmodell beizubehalten.

Mit dem Hinweis auf die Wichtigkeit dieser Prüfung wird ein elementarer Grundsatz psychologisch-psychiatrischer Begutachtung erkenntlich gemacht: Nicht der Inhalt einer Tat ist entscheidend für ihre Beurteilung, sondern die formalen Bedingungen ihres Ablaufs. Nur an ihnen läßt sich abgreifen, ob ein bestimmtes Verhalten noch normalpsychologischer Determination unterlag oder einer psychopathologischen. Die verfeinerte Erfassung dieser Alternative ist eigentlich nur dann angebracht, wenn durch sie die Weiche auf eine möglichst wenig schädigende Reaktion gestellt werden kann.

Literatur

Bubnoff E von (1973) Gutachterzuständigkeit von Psychiatern und Psychologen für die Beurteilung von tiefgreifenden Bewußtseinsstörungen (§ 51 StGB). Zu einer Entscheidung des Oberlandesgerichts Karlsruhe. Nervenarzt 44:497–498

Bürger-Prinz H (1950) Motiv und Motivation. Holler, Hamburg

Debuyst C (1977) Le concept de dangerosité et un de ses éléments constitutifs: La personnalité (criminelle). Déviance Soc 1:363–387

Geilen G (1972) Problematik des schuldausschließenden Affekts. In: Schroeder FC, Zipf H (Hrsg) Festschrift für Reinhardt Maurach zum 70. Geburtstag. Müller, Karlsruhe, S 173–195

Gerchow J (1964) Bemerkungen zur sogenannten Krise des Sachverständigenbeweises. Arch Kriminol 134:125–136

Gerchow J (1964) Medizinisch-psychologische Gesichtspunkte zur Bedeutung „unterbewußter" (kausaler) Strebungen bei Vorsatztaten. Dtsch Z Gesl Gerichtl Med 55:4–14

Gschwind M (1974) Die Bedeutung des Unbewußten für die Zurechnungsfähigkeit. In: Eisen G (Hrsg) Handwörterbuch der Rechtsmedizin für Sachverständige und Juristen, Bd II. Enke, Stuttgart, S 78–91

Haddenbrock S (1972) Strafrechtliche Handlungsfähigkeit und „Schuldfähigkeit" (Verantwortlichkeit); auch Schuldformen. In: Göppinger H, Witter H (Hrsg) Der Sachverständige: Gutachten und Verfahren. Handbuch der forensischen Psychiatrie, Bd II. Springer, Berlin Heidelberg New York, S 863–935 (928ff)

Jakobs G (1978) Die subjektive Tatseite von Erfolgsdelikten bei Risikogewöhnung. In: Frisch W, Schmid W (Hrsg) Festschrift für Hans-Jürgen Bruns zum 70. Geburtstag. Heymanns, Köln Berlin Bonn München

Krauss D (1978) Der psychologische Gehalt subjektiver Elemente im Strafrecht. In: Frisch W, Schmid W (Hrsg) Festschrift für Hans-Jürgen Bruns zum 70. Geburtstag. Heymanns, Köln Berlin München

Krümpelmann J (1974) Motivation und Handlung im Affekt. In: Stratenwerth G, Kaufmann A, Geilen G, Hirsch GJ, Schreiber H-L, Jakobs G, Loos F (Hrsg) Festschrift für Hans Welzel zum 70. Geburtstag. de Gruyter, Berlin New York, S 327–341

Lenckner T (1982) Strafe, Schuld und Schuldfähigkeit. In: Göppinger H, Witter H (Hrsg) Die rechtlichen Grundlagen. Handbuch der forensischen Psychiatrie, Bd. I. Springer, Berlin Heidelberg New York, S 3–281

Moore MS (1979) Responsibility for unconsciously motivated action. Int J Law Psychiatry 2:323–347

Moos R (1977) Die Tötung im Affekt. ZStW 89:796–848

Moser T (1971) Repressive Kriminalpsychiatrie. Suhrkamp, Frankfurt

Peters RS (1958) The concept of motivation. Routledge & Kegan, London

Rasch W (1964) Tötung des Intimpartners. Enke, Stuttgart

Sarstedt W (1968) Auswahl und Leitung des Sachverständigen im Strafprozeß (§ 73, 78 StPO). NJW 177–182

Schneider K (1950) Die psychopathische Persönlichkeit. Deuticke, Wien

Schewe G (1976) „Subjektiver Tatbestand" und Beurteilung der Zurechnungsfähigkeit. In: Warden G, Waider H, Hippel R von, Meurer D (Hrsg) Festschrift für Richard Lange zum 70. Geburtstag. de Gruyter, Berlin New York, S 687–701

Weisstub DN (1978) The theoretical relationship between law and psychiatry. Int J Law Psychiatry 1:19–36

Die Tathandlung und ihre Bewertung
in psychoanalytischer Sicht

W. Schumacher

Die Tathandlung als Gegenstand psychoanalytischer Untersuchungen markiert ein Thema, das zu den zentralen Fragen einer forensischen Psychoanalyse oder – bescheidener ausgedrückt – einer psychoanalytisch orientierten forensischen Forschung gehört. Das Phänomen Tat oder Tatverhalten, d.h. jenes Geflecht ineinandergreifender äußerer und innerer Faktoren, wurde psychoanalytisch bisher kaum oder gar nicht bearbeitet. Das, was vorgelegt wird und schon von der ersten Generation der Psychoanalytiker in foro vorgelegt wurde, ist fast immer eine Analyse der Täterpersönlichkeit. Indes wird – und hierin bereits liegt eine häufige Verständigungsschwierigkeit zwischen Psychoanalyse und Strafrechtspraxis – eben eine Psychoanalyse der Tat gefordert[1]. Der Psychoanalytiker soll Aufschluß geben über das, was im Täter im Moment der Tatbegehung vorging, welche Kräfte in ihm wirksam waren, was ihn bewegte, welche Handlungsfreiräume er hatte oder evtl. auch nicht mehr hatte.

Überspitzt könnte man sagen, der Richter will wissen, wie es im Kopf des Täters bei der Begehung seiner Tat aussah, nicht wie es in ihm aussah während der verschiedenen Phasen seiner frühkindlichen Entwicklung. Den Kritikern der Psychoanalyse ist nicht zu widersprechen, wenn sie, wie z.B. Witter[2], darauf hinweisen, daß die Psychoanalyse, was die Frage der Tat anbelangt, bisher keine verwendbaren Konzepte vorgelegt habe.

Nun ist es nicht zu bestreiten, daß auch die psychoanalytische Persönlichkeitsforschung für die Beurteilung eines Täters, für seine innere Situation, seine gegebenen Handlungsbereitschaften und -möglichkeiten für den Richter von Nutzen sein kann. Dies vor allem auch, was die Frage etwaiger Rechtsfolgen betrifft. Wenn man sich einen Psychoanalytiker im Strafprozeß vorstellt[3], so gewöhnlich im Sinne des Klischeebildes von einem gerichtsfremden, im Grunde strafrechtsverneinenden Menschen, der mehr oder weniger interessante, vielleicht etwas abseitige und eigenartig klingende Thesen über einen Angeklagten verbreitet, über seine gestörten Beziehungen zu Eltern, zu Geschwistern, über Besonderheiten seiner Entwicklung usw., wobei er schließlich zur Feststellung einer so oder so gearteten Neurose gelangt, ohne zu sehen, daß offensichtlich sehr viele Menschen ein gleiches Entwicklungsschicksal und auch gleiche neurotische Fehlhaltungen wie der Angeklagte haben. Fast zwangsläufig kommt dann die Frage des Juristen, was dies alles für die Beurteilung dieses konkreten Täters bedeutet, seines Zustandes in jenem Moment, in dem er die ihm angelastete Tat beging. Was bedeuten indes noch so einleuchtende Feststellungen über frühkindliche Ver-

---

1, 2, 3 s. Anmerkungen S. 70

sagungen, über Triebschicksale, Entwicklungsstörungen usw. für das Momentgeschehen der Tatbegehung und die hier wirksam gewesenen Faktoren?

Bevor im einzelnen die Frage untersucht werden soll, ob die Psychoanalyse ein Konzept zur Beurteilung konkreten Täterverhaltens anbieten kann — ich meine, daß sie das sehr wohl kann —, sei zunächst versucht, in aller Kürze zu sagen: 1. Was Psychoanalyse ist, 2. auf welchen Ebenen sie mit den verschiedenen Bereichen des Strafrechts in Beziehung zu bringen ist und 3. welche speziellen Schwierigkeiten, sozusagen Standardschwierigkeiten, dem Strafjuristen begegnen, wenn er — etwa mittels des Sachverständigenbeweises — versuchen will, psychoanalytische Denkkategorien auf sein Gebiet anzuwenden, und umgekehrt, welche Schwierigkeiten der Psychoanalytiker hat, wenn er es unternimmt, sich der Praxis des Strafrechts zu nähern, sich den hier auftretenden Fragen — zumeist eben Fragen nach der Tat und ihrer Bewertung — zu stellen.

1. Was ist Psychoanalyse? Auf den kürzesten Nenner gebracht könnte man sagen: Psychoanalyse ist ein System von Theorien über seelische Innenvorgänge und deren Entwicklung unter ausdrücklicher Einbeziehung der Annahme, daß es unbewußte seelische Vorgänge gibt, ja daß das Attribut der Bewußtheit eher Ausnahme als Regel der zugrundeliegenden nervalen Innenprozesse ist. Zugleich mit der Behauptung unbewußter, nichtsdestoweniger hoch wirksamer Kräfte und Motivatoren des Erlebens und Verhaltens wird ausgesagt, daß nichts Zufälliges im seelischen Leben vor sich gehe, daß auch scheinbar unsinnige, nicht verstehbare Abläufe sehr wohl ihre Begründung und Aufhellung fänden, wenn alle und eben auch die unbewußten Bedingungen ihres Zustandekommens überblickbar wären. Dabei werden im Wirkgeflecht der dynamischen Kräfte steuernde, kontrollierende, ja auch ausdrücklich hemmende Faktoren — bewußten und unbewußten Funktions- bzw. Tätigkeitsaspekte des Ich — in die Betrachtung einbezogen.

Durch Einführung unbewußter Kräfte ist der Kreis der Handlungen, die die Psychoanalyse in die Verantwortlichkeit des Ich hineingestellt sieht, in Wahrheit weit größer als bei jenen psychologischen Richtungen, die ohne die Voraussetzung unbewußter Kräfte und Faktoren auszukommen glauben. Dort, wo die reine Bewußtseinspsychologie — etwa die Psychologie, die der sog. Schulpsychiatrie zugrunde liegt — „Brüche im Sinngefüge der Motivationsprozesse" sieht, wo bei der Analyse einer Tathandlung von „Handlungsbruchstücken" die Rede ist oder die „finale Geschlossenheit der Handlungsdetermination" [4] aufgehoben scheint, vermag die psychoanalytische Untersuchung durch Einbeziehen auch der unbewußten Determinanten u.U. sehr wohl eine Sinnkontinuität und damit eine Verstehbarkeit herzustellen. Dies soll nicht bedeuten, daß nicht auch unter psychoanalytischen Gesichtspunkten Trümmerformen des Handelns vorkommen, wie etwa bei organischen Psychosyndromen und exogenen Reaktionstypen. Ebensowenig ist zu leugnen, daß es Verhaltensabläufe gibt, die nicht mehr der Kontrolle des Ich unterliegen. Hierüber wird noch zu sprechen sein.

Als Gesichtspunkt wichtig ist jedenfalls festzustellen, daß — entgegen vielfacher Behauptung — die Psychoanalyse die Verantwortlichkeit des Ich in keinster Weise leugnet. Schon die gängigen Begriffe der Psychoanalyse, wie Schuldgefühle, Über-Ich-

---

[4] s. Anmerkungen S. 70

Einsprüche, Selbstbestrafungstendenzen, weisen hierauf hin. Die Wirksamkeit und Wucht unbewußter Schuldgefühle und Bestrafungsängste gelten ja geradezu als Grundlagen zur Ausentwicklung neurotischer Störungen und Symptome.

Auch der häufig gehörte Vorwurf des Determinismus trifft nicht zu. Zwar hat die Psychoanalyse den Kreis der wirksamen Determinanten um ein Vielfaches erweitert. Sie hat den bisher gesehenen bewußten Motivatoren eine neue Dimension, nämlich die der unbewußten Einflüsse und Kräftewirkungen, hinzugefügt. Dennoch ist hiermit keineswegs ein kausaler Determinismus behauptet. Mit der Aussage, daß es nichts Zufälliges im Seelischen gebe, sind voluntative, kontrollierende, steuernde, entscheidungsfällende Einflüsse des Ich keineswegs geleugnet. Das Determinismusproblem, die uralte Frage der Willensfreiheit, steht gewissermaßen quer zu jeder Psychologie. Sie ist kein Problem der Psychoanalyse, wenn auch durch sie die Einschränkungen der Willenstätigkeit, das Incompletum der alten Philosophie, schärfer gesehen und besser verstehen werden mag.

2. *Welches sind die Berührungen zwischen Psychoanalyse und Strafrecht?* Wiederum in Stichworten: a) Die Psychoanalyse kann Beiträge geben zu einer *Theorie des Strafens*, zur Frage, welche Rolle Straffälligwerden und anschließendes Bestrafen für die Beteiligten hat, welche unbewußten Kräfte im Spiel zwischen Strafenden und Verbüßenden wirksam sind[5].

Neben diesen, im weiteren Sinne rechtstheoretischen Beiträgen — man könnte auch von einer Psychologie der Strafe sprechen[6] — hat sich schon die ältere Psychoanalyse bemüht um eine Psychologie der Bestraften, d.h. der Entwicklung einer psychoanalytischen Krimonologie[7]. Das Erforschen und auch Behandeln krimineller Deviationen gelang problemlos. Entsprach es doch dem eigentlichen Ethos der Psychoanalyse, eine ärztliche, kurative und präventive Wissenschaft zu sein. Schon früh wurde hierbei ein Mechanismus aufgedeckt, der dann lange zum Paradigma psychoanalytischer Delinquenzforschung wurde: das Verbrechen aus Schuldgefühl[8]. Pathologische Bestrafungswünsche, so ließ sich in einigen Fällen zeigen, konnte zu delinquentem Handeln führen, um damit Bestrafungen zu provozieren zur Sühne für ganz andersartig gelagerte Schuld. Der Verbrecher aus Schuldgefühl[9] nannte man jenen Typus, dessen Bedeutung, was die Häufigkeit kriminellen Handelns anbetrifft, in der Folgezeit wahrscheinlich überbewertet wurde: Immerhin läßt sich bereits an diesen frühen Beiträgen zur Delinquenzforschung erkennen, wie gegenstandslos eigentlich die gängigen Vorurteile sind, Psychoanalyse sei primär strafrechtsfeindlich oder verneinend[10].

Durch Aufdecken der archaischen Mechanismen des Seelischen macht gerade die Psychoanalyse aufmerksam auf jene Vorgänge, die zum Urbestand des Seelischen gehören, wie das Talionprinzip, das im Unbewußten nach wie vor herrschende Aug' um Aug' und Zahn um Zahn. Gerade die Psychoanalyse erkennt das Straf- und Sühnebedürfnis als nicht eliminierbare, allenfalls verdrängbare anthropologische Wirkprinzipien des Seelischen ausdrücklich an. Von keiner Position aus läßt sich beispielsweise den Befürwortern einer reinen Defence Sozial oder etwa auch den Verneinern des Strafzwecks der Sühne[11] besser entgegenargumentieren als von den Positionen der Psycho-

---

5–11 s. Anmerkungen S. 70

analyse aus. Schuld, Sühne, Selbstbestrafungswünsche sind ebenso zentrale Begriffe wie Verbote, Über-Ich-Einsprüche und Angst.

b) Eine weitere Berührung mit Problemen der Strafrechtspflege wäre der schon erwähnte Bereich der *Resozialisierung*. Es ist dies ein Feld, das den therapeutischen Interessen der Psychoanalyse sehr entgegenkommt, das in Deutschland jedoch bisher kaum ernsthaft in Angriff genommen wurde[12].

c) Ebenfalls von Bedeutung wäre eine *Psychoanalyse des Strafprozesses*. Bekannt und für jedermann spürbar ist die hohe dynamische Geladenheit der akutellen Prozeßsituation. Nicht nur die Dynamik der widerstreitenden Gruppen, mehr noch das minutiöse Sichtbarmachen der Normverletzungen, die sich wie in einer Präpariersituation vollziehende Wiederholung des Rechtsbruches, evoziert bei den Beteiligten unbewußt Ängste und Abwehrkräfte[13]. Diese sichtbar zu machen und ihren Einfluß auf das Prozeßgeschehen und die schließliche Entscheidung zu reflektieren, wäre mit eine Aufgabe einer zukünftigen forensischen Psychoanalyse[14].

d) Es bleibt nun schließlich jener, für die konkrete Beurteilung des Tatgeschehens wichtige Bereich der *Analyse des Tatverhaltens*. Untersuchungen dieses letzten Abschnittes des Geschehens münden in der Praxis fast immer ein in die so entscheidende Frage der Schuldfähigkeitsbeurteilung. Welche Kriterien ergeben sich nun hierzu aus psychoanalytischer Sicht? Gibt es Modelle einer analytischen Delikttypologie? Grundlage kann auch hier die analytische Ich-Psychologie sein. Allgemein ist festzustellen: Die Verantwortlichkeit für eine Handlung bemißt sich nach dem Maße ihrer Ich-Organisiertheit. Von hierher lassen sich — mit einem entsprechenden Übergangsfeld — zwei Grundtypen von Delikthandlungen unterscheiden: nämlich Ich-syntone und Ich-asyntone Handlungen. Ich-syntones Tatverhalten ist solches, das vom Ich geplant, unter seiner Kontrolle und Steuerung ausgeführt, begleitend wahrgenommen und in den verschiedenen Phasen seiner Durchführung überwacht wird.

Ich-asyntone Handlungen wären solche, die — im Grenzfalle — außerhalb der Ich-Kontrolle ablaufen, die von den steuernden und überwachenden Ich-Funktionen losgelöst, gewissermaßen abgeklammert vom Ich sich vollziehen. In Art neurotischer Symptombildungen ragen derartige Handlungssequenzen wie Fremdkörper ins Ich-Feld hinein, sofern — wie etwa bei Psychosen — das Ich-Feld nicht völlig durch Einschränkungen an den Rand gedrängt wurde. Im einzelnen wäre zwischen folgenden Formen zu unterscheiden:

a) Psychotisch unterlegte Handlungsabläufe,
b) Symptomneurotisch aufgebaute Sequenzen,
c) Akzidentelles Delikthandeln nach der Art von Fehlleistungen,
d) Handlungsvollzüge infolge plötzlicher Abwehrschwächen oder Abwehrzusammenbrüche im Rahmen aktueller Versuchs- oder Versagenssituationen.

In der Praxis lassen sich diese verschiedenen Typen Ich-asyntoner Delinquenz unschwer vorfinden.

Psychotisch gesteuertes Handeln, z.B. Straftaten unter Einfluß imperativer Stimmen oder paranoider Ängste im Rahmen schizophrener Verläufe. Sie stellen Abläufe dar, die zwar unter Mitbeteiligung des Ich zustandekommen, jedoch eines Ich, das sich —

[12, 13, 14] s. Anmerkungen S. 70

vergleichbar dem Traum-Ich — weitgehend den Forderungen regressiv-archaischer und Es-naher Organisationen gebeugt, wenn nicht unterworfen hat[15].

Tathandlungen, die in Art eines neurotischen Symptoms aufgebaut sind, lassen sich an den auch sonst für neurotische Symptombildungen typischen Merkmalen erkennen, wie Dranghaftigkeit, Ich-Fremdheit, Wiederholungszwang etc. Als Beispiel seien etwa delinquente Triebanomalien genannt. Aber auch andere Formen, wie z.B. jene, die man zusammengefaßt als stoffungebundene Abhängigkeiten bezeichnen kann, gehören hierher. So die, wenn auch seltene Formen neurotischer Spielbesessenheit, Kfz-Manie, sinnloses Wegnahmeverhalten bzw. Stehlen ohne Bereicherungstendenz[16]. Kurzum alle dranghaft und zwanghaft ablaufenden Delikthandlungen, die sich quasi periodisch wiederholen und zu der durch Strafe kaum beeinflußbaren Rückfallsdeliquenz zu rechnen sind.

Die Gruppe der — wie man sagen könnte — Fehlleistungsdelikte dürfte in der Praxis weniger von Bedeutung sein. Immerhin kann es vorkommen, daß plötzlich die Ich-Abwehr versagt, daß üblicherweise abgewehrte aggressive Impulse durchschlagen und dann auch einmal Konsequenzen im Sinne eines Tathandelns haben können. Das in der Strafrechtsliteratur häufig zitierte Beispiel des Mannes, der auf der Jagd seinen Bruder für das erwartete Wild hielt und erschoß, seinen Bruder — so könnte man psycho-analytisch hinzufügen —, mit dem er seit Jahren rivalisierte, würde hierhin gehören. Alle sog. Fahrlässigkeitsdelikte — der angeblich gedankenlos hingestellte Blumentopf, der dann vom Fenster fällt und jemanden verletzt — wären auf ihren Charakter als Fehlleistungen zu prüfen. Psychoanalytische Untersuchungen würden wahrscheinlich in vielen Fällen, in denen gemeinhin von Zufall, von Unvermeidbarkeit, von höherer Gewalt usw. gesprochen wird, geheime Wünsche auf Seiten der fahrlässig Handelnden freilegen, Wünsche, die — ansonsten tief verdrängt — durchbruchhaft, wie eben echte Fehlleistungen, sich Geltung verschaffen, d.h. in Handeln sich umsetzen.

Für die Praxis die meiste Bedeutung dürften schließlich jene Ich-asyntonen Tat-handlungen haben, die unter bestimmten situativen Umständen zustandekommen und hierbei zu einem Versagen der Ich-Abwehr — im Extremfall zu ihrem Zusammen-bruch — führen. Um zu verdeutlichen, was hiermit gemeint ist, sei ein Beispiel aus der Praxis genannt:

Ein 32jähriger, sozial unauffälliger Sparkassenangestellter, ledig, lebte zusammen mit seinem 71jährigen Vater in dessen Haus. Die Mutter war einige Zeit vorher gestorben. Für alle sichtbar und auch in seinem eigenen bewußten Erleben war Walter, so hieß der junge Mann, ein fürsorglicher und immer auf den Vater und dessen Gesundheit bedachter Sohn. Mit im Hause lebten noch die 28jährige Schwester, also Tochter des alten Herren, und ihr Ehemann. Mit dem letzteren gab es wiederholt Streit. Der Vater mochte den Schwiegersohn nicht und ließ dies auch offen erkennen. In einer bestimmten Situation kam es zu einem heftigen, wenn auch nur mit Worten geführten Zusammenstoß zwischen Vater und Schwiegersohn. Das Streitgespräch ging sogar vom Vater aus. Plötzlich holte der Sohne die Pistole des Vaters und erschoß den Schwager.

Die Untersuchung zeigte, daß er, der Sohn, hinter aller Fürsorglichkeit massive Todeswünsche gegenüber dem Vater hatte. Die Vorwürfe des Schwiegersohnes gegen über dem Vater stellten eine derart starke Belastung der Abwehr von Walter gegenüber den bei ihm ebenfalls vorhandenen gleichlautenden Vorwürfen dar, daß seine Abwehr-formation krisenhaft zusammenbrach und sich plötzlich in einem Exzeß gegen den

---

[15, 16] s. Anmerkungen S. 70

Angreifer Geltung verschaffte. Die Schüsse Walters galten eigentlich seinen eigenen mitmobilisierten Aggressionswünschen, die der Schwager so hemmungslos vor seinen Augen auslebte.

Erst die Kenntnis der unbewußten inneren Vorgänge, vor allem der eigenen starken, wenn auch tief verdrängten Haßgefühle gegenüber dem Vater, vermochte die Wucht der Aggression verstehen zu lassen. Der Schwager, das Opfer, war dabei der projektive Austragungsort der eigenen, wenn auch bei sich selbst nicht zugelassenen Wünsche und zugleich deren Bestrafung am andern. Ohne diese Kenntnis erschiene die Handlungsweise des Täters, zumindest in dieser Stärke, unverständlich. Weder objektiv noch subjektiv lag die Situation einer Nothilfe vor. Die Oberflächenpsychologie suchte vergeblich nach Konflikten zwischen Täter und Opfer, d.h. zwischen Walter und seinem Schwager. Es hatte im Gegenteil immer ein eher gutes Verhältnis zwischen beiden bestanden, weswegen auch — psychoanalytisch gesehen — in der Tatsituation die aggressiven Identifikationen so prompt erfolgen konnten. Erst die Aufdeckung der schweren unbewußten Vaterambivalenz des Sohnes konnte die Tat in ihren eigentlichen entscheidenden Ablaufbedingungen verstehbar werden lassen.

Diesem Beispiel ließen sich noch viele hinzufügen. Immer wieder zeigt sich, wie in spezifischen Situationen — hier die Versuchssituation in Richtung verdrängtem Vaterhaß — unbewußte Faktoren ins Spiel gelangen und u.U. dann die Geschehnisse bestimmen.

Für die Beurteilung der Schuldfähigkeit genügen derartige Feststellungen allerdings allein noch nicht. Es stellt sich die Frage, ob und inwieweit diese psychoanalytisch aufgedeckten Faktoren nun tatsächlich die steuernden bzw. einsichtsverschaffenden Instanzen des Ich außer Kraft gesetzt hatten oder nicht.

Auch hier bieten sich aus psychoanalytischer Sicht Kriterien zur Differenzierung an. In Bezug auf den Bereich der vom Ich bejahten Tathandlungen wurde schon gesagt, daß sie sich auszeichnen durch ihre Eingebundenheit in die integrierenden und organisierenden Tätigkeitsaspekte des Ich. Sie lassen alle jene Qualitäten erkennen, die für Ich-Funktionen so typisch sind, wie: Umsicht, Planung, Orientierung, Abgestimmtheit mit den Erfordernissen der jeweiligen Situation, begleitende Wahrnehmung des Gesamtverlaufs, steuernde Berücksichtigung von außen herantretender Umstände oder Anforderungen. Alles dies sind typische Ich-Leistungen, die mit Hilfe der ihm zur Verfügung stehenden Funktionen geleistet werden.

Tatsächlich stellt es ein bemerkenswertes Vorurteil dar, wenn behauptet wird, die Psychoanalyse halte jede kriminelle Handlung für neurotisch, für krankhaft oder abnorm. Gerade die nach Freud vor allem in Amerika differenziert ausgebildete psychoanalytische Ich-Psychologie[17] zeigt ein völlig anderes Bild. War die Psychoanalyse lange Zeit fast ausschließlich eine Psychologie des Unbewußten, so ist sie inzwischen zu einer allgemeinen Psychologie — eben auch mit Einbeziehung der im Bewußtsein ablaufenden Prozesse — weitergebildet worden. Die kriminologische Perspektive der Psychoanalyse wurde bereits in der ersten Phase ihrer Entwicklung ausgeschaltet. Von hierher mag es erklärbar sein, warum die vorgelegten Untersuchungen relativ wenig Ich-Vorgänge und damit das Bewußtseinsfeld berücksichtigen[18].

17, 18 s. Anmerkungen S. 70

Inzwischen sind die konzeptionellen Voraussetzungen erarbeitet, so daß – wie hier versucht – prinzipiell auch eine psychoanalytische Delikttypologie, also eine Analyse der Tathandlungen, möglich ist. Dies auch mit Angabe von Kriterien für vorhanden oder nicht vorhanden gewesene Ich-Steuerung. Je Ich-eingebundener ein Tatverhalten ist – man denke etwa an sorgfältig kalkulierte Wirtschaftsdelikte –, desto weniger sind Es-gesteuerte, autonome und damit Ich-abgespaltene Handlungssequenzen anzunehmen. Umgekehrt, je mehr ein Handeln den Charakter eines neurotischen Symptoms gewinnt mit den Merkmalen der Drang- und Zwanghaftigkeit, der Ich-Fremdheit[19] und Losgelöstheit von den einwirkenden Ich-Kräften, desto eher wird man den Charakter eines verantwortlichen Handelns als eingeschränkt gewesen annehmen oder ganz zu negieren haben.

Im Falle des genannten Beispiels ließen sich Ich-ungesteuerte Handlungsteile erkennen und von daher eine erheblich eingeschränkte Steuerungsfähigkeit bejahen.

Etwas vereinfachend lassen sich aus psychoanalytischer Sicht folgende Dimensionen nennen, deren Beachtung geeignet erscheint, die Ich-Beteiligtheit eines Tathandelns und damit die Verantwortlichkeit abzuschätzen. Es sind dies

1. die schon erwähnte Frage, inwieweit die inkriminierte Handlung vom Ich abgespalten oder hierin eingebunden ist (Symptom oder Struktur; Abwehrversagen oder Ich-Bestimmtheit). Es ist die Frage, inwieweit ein Verhalten strukturgebunden, d.h. in die Ziel-, Wert- und Interessenhorizonte einer Persönlichkeit eingefügt und von hierher bestimmt ist.

2. Die zeitliche Ablaufstruktur eines Handelns. Ein plötzliches Abwehrversagen, ein Abwehrkollaps, ist ein Ereignis, das sich in einem relativ kurzen Zeitraum – Sekunden bis Minuten – abspielt. Tatverhalten mit zeitlich ausgedehnten Verlaufsphasen, evtl. auch Vorbereitungs- und Vororientierungsabschnitten, lassen nicht annehmen, daß hier die Ich-Abwehr überrannt wurde. Dies natürlich mit Ausnahme der Verhältnisse bei Psychosen. Die nicht selten zu findenden Vorfiguren einer Tat bilden ebenfalls eine Ausnahme. Sie können vorausgehende Zeichen (Wetterleuchten) eines drohenden Abwehrversagens sein.

3. Die Frage des Tatfolgeverhaltens. Je abgespaltener ein Tathandeln ablief, desto fremder erscheint es dem nachher wieder integrierten, reorganisierten Ich. Unverständlichkeitsreaktionen, Ich-Inkompatibilitäten, krampfhaftes Wiedergutmachen, Sich-Selbst-Stellen-Wollen bis hin zur Panik sind die Regel. Je Ich-eingebundener, in der Ich-Struktur aufgenommen, ein Tathandeln war, desto bruchloser wird es sich in das Folgeverhalten und in die hier maßgebenden vom Ich bestimmten Orientierungsräume einfügen.

Fragt man schließlich nach den Instrumenten, die anzuwenden sind, um psychoanalytische Untersuchungen konkreten Tatverhaltens durchzuführen, so ist in erster Linie auf die gut durchgebildete psychoanalytische Interviewtechnik hinzuweisen. Dem analytisch geschulten Interviewer wird es auch unter den erschwerten Bedingungen, die das strafjuristische Feld für psychoanalytische Untersuchungen darstellt, möglich sein, Aufschlüsse über evtl. wirksam gewesene unbewußte Determinanten zu erhalten. Ein für die konkrete Prozeßsituation weiter wichtiges Problem besteht in der Darstellung psychoanalytischer Gesichtspunkte und Zusammenhänge in foro.

---

[19] s. Anmerkungen S. 70

Die Frage, inwieweit das Potential der Psychoanalyse für den Strafprozeß nutzbar gemacht werden kann, ist wesentlich eine Frage der Fähigkeit des Sachverständigen, psychoanalytisches Wissen dem Richter so nahezubringen, daß die gemeinten Zusammenhänge von ihm, dem Richter, nachvollzogen werden können.

Zusammenfassung

Im Mittelpunkt der strafrechtlichen Beurteilung steht die Erfassung der objektiven und subjektiven Parameter des Tatgeschehens. Im Gegensatz hierzu ist das psychoanalytische Interesse vorrangig auf die jeweils handelnde Persönlichkeit und ihre Lebensgeschichte ausgerichtet. Die Divergenz der Akzente: hier Tatbestandserfassung, dort Persönlichkeiterforschung gibt häufig Anlaß zu Mißverständnissen zwischen Judikatur und Psychoanalyse. Die Forderung, wonach Strafrecht Tatstrafrecht und nicht Täterstrafrecht sein kann, besteht sicher zu Recht. Dennoch wird eine hinreichende Tatbeurteilung – was die subjektive Seite betrifft – nicht ohne Berücksichtigung der seelischen Voraussetzungen des Handelnden erfolgen können. Damit treten die tatrelevanten Dispositionen der Täterpersönlichkeit und ihre lebensgeschichtliche Entwicklung in das Blickfeld.

Die Psychoanalyse verfügt über besondere konzeptuelle und methodische Voraussetzungen, um Aufschlüsse über das Zustandekommen seelischer Abläufe zu geben. Die Besonderheit besteht in der Einbeziehung der Dimension des Unbewußten mit den Möglichkeiten, seine Einflüsse und Wirkungen auf bewußtes Erleben und Verhalten sichtbar zu machen. Hinsichtlich normalpsychologisch oft uneinfühlbaren und unverständlichen Verhaltensweisen – Merkmale, die, wenn auch nicht immer, so doch häufig, ein Tatverhalten charakterisieren – bieten psychoanalytische Untersuchungen die Möglichkeit, auch hier noch zu einem nachvollziehbaren Verstehen des Täters und damit zu einer gerechteren Bewertung seines Tuns zu gelangen.

. Auf der Grundlage der psychoanalytischen Ich-Psychologie lassen sich modellhaft verschiedene Delikttypen abgrenzen, denen auch in der Frage der Schuldfähigkeit eine unterschiedliche Relevanz zukommt. Entsprechend dem Grad ihrer Ich-Organisiertheit sind Ich-syntone von Ich-asyntonen Handlungsweisen zu unterscheiden. Ich-syntones Tatverhalten ist solches, das vom Ich geplant, unter seiner Kontrolle und Steuerung ausgeführt, begleitend wahrgenommen und in den verschiedenen Phasen seiner Durchführung überwacht wird. Ich-asyntone Handlungen wären solche, die – im Grenzfalle – außerhalb der Ich-Kontrolle ablaufen, von den steuernden und überwachenden Funktionen des Ich losgelöst, gewissermaßen abgeklammert von ihm sich vollziehen. In der Praxis lassen sich verschiedene Formen Ich-asyntonen Deliktverhaltens vorfinden. Im einzelnen: 1. psychotisch unterlegte Handlungsabläufe, 2. symptomneurotisch aufgebaute Tathandlungen, 3. akzidentelles Delikthandeln nach Art von Fehlleistungen, 4. Handlungsvollzüge, die infolge plötzlicher Abwehrschwächen oder Abwehrzusammenbrüchen im Rahmen aktueller Versuchs- oder Versagenssituationen entstehen. An einem Beispiel wird die tatentscheidende Wirksamkeit unbewußter Handlungsdeterminanten aufgezeigt. Die Abschätzung des Einflusses unbewußter Faktoren auf die Steuerungs- und damit die Schuldfähigkeit wird – anhand ebenfalls psychoanalytisch gewonnener Kriterien – aufgezeigt (Ich-

Abspaltung versus Ich-Einbindung; zeitliche Dimensionierung der Handlungsstrukturen; Tatfolgeverhalten als Indiz für Ich-syntones Handeln). Es bietet sich an, die konzeptuellen und methodischen Möglichkeiten der Psychoanalyse — und hier insbesondere der inzwischen weit fortentwickelten analytischen Ich-Psychologie — für die forensische Bewertung von Tatverhalten zu nutzen. Der gegenwärtig erreichte Stand der Psychoanalyse in Praxis und Theorie macht es möglich, mindestens für einige Bereiche des Rechts eine *forensische Psychoanalyse* zu entwerfen.

Summary

Special concepts and methods of psychoanalysis are applicable to understand the genesis of psychic processes. The outstanding feature of psychoanalysis is the inclusion of the unconscious and its influence and effects on conscious behaviour. As to modes of behaviour that often elude the sympathetic understanding of ordinary psychology — psychoanalytical investigations may enable an empathic understanding of the offender and thus a fairer judging of his acts. Based on the psychoanalytical ego psychology, different types of offences are definable with varying relevance of guilt. Corresponding to the degree of their ego organization ego-syntonic actions are discernible from ego-asyntonic ones. An ego-syntonic manner of acting is planned, controlled and directed by the ego, who also perceives and observes its different phases of execution. Ego-asyntonic acts are characterized by their progress beyond the ego-control; they are, in a manner of speaking, severed from the steering and supervising functions of the ego. In general practice there are different kinds of ego-asyntonic punishable acts, such as: 1. psychotic courses of action, 2. acts with a symptomatic-neurotic structure, 3. accidental delicts in the style of faulty acts, 4. actions resulting from sudden weakness or breakdown of the defense mechanisms in situations of temptation or complete failure.

We demonstrate the decisive effects of unsconscious determinants on deliquent behaviour by an example. The influence of the unconscious on self-control and penal offences is assessed according to psychoanalytical criteria as well (ego splitting versus ego involvement; temporal dimensionalizing of the structures of action; conduct after the criminal offence as an indication of ego-syntonic ways of acting). It is recommendable to use the conceptual and methodical possibilities of psychoanalysis for the forensic assessment of illegal conduct — with special regard to the scientific progress of analytical ego psychology. The actual level of development of psychoanalysis makes it possible to outline a "forensic psychoanalysis", valid at least for some fields of legal practice.

Literatur

Alexander F, Staub H (1929) Der Verbrecher und seine Richter. Ein psya. Einblick in die Welt der Paragraphen. In: Mitscherlich A (Hrsg) Psychoanalyse und Justiz. Suhrkamp (1971)
Berkemann J (1971) Die richterliche Entscheidung in psychologischer Sicht J Z 537
Bräutigam W (1972) Psychoanalyse in foro. In: Handbuch der forensischen Psychiatrie, Bd I. Springer, Berlin Heidelberg New York, S 794–796

Bresser PH (1979) „Diebstähle ohne Bereicherungstendenz" – kein psychopathologisches Syndrom. Fortschr Neurol Psychiatr 47:617–627

Ehebald U (1971) Patient oder Verbrecher. Rowohlt

Eissler KR (1979) Freud und Wagner-Jauregg. Löcker, Wien

Freud S (1968) Totem und Tabu. Gs W Bd IX, 89, 4. Aufl. Fischer

Freud S (1968) Neurose und Psychose. Ges W Bd XIII, 387–391, 4. Aufl. Fischer

Freud S (1968) Der Realitätsverlust bei Neurose und Pssychose. Ges W XIII, 363–368, 4. Aufl. Fischer

Freud S (1968) Neue Folgen der Vorlesungen zur Einführung in die Psychoanalyse. Ges W Bd XV, 117, 4. Aufl. Fischer

Haffke B (1976) Tiefenpsychologie und Generalprävention. Eine strafrechtstheoretische Untersuchung. Sauerländer, Aarau Frankfurt

Hartmann H (1964) Zur psychoanalytischen Theorie des Ichs. Klett, Stuttgart

Herren R (1973) Freud und die Kriminologie. Enke, Stuttgart

Hustinx A, Rengelink A, Brinkman P, Warmerdam AA, Harders H, Reicher JW (1976) Arbeitsbericht aus der van Mesdak-Klinik in Groningen. Psyche 7:571–617

Jäger H (1974) Strafrecht und psychoanalytische Theorie. In: Festschrift für H. Henkel zum 70. Geburtstag. de Gruyter, Berlin New York, S 125–140

Lange R (1972) Strafechtsreform. Reform im Dilemma. Langen/Müller, München Wien, S 99

Ostermeyer H (1975) Die bestrafte Gesellschaft. Hanser, München Wien, S 109ff

Pauleikhoff B, Hoffmann D (1975) Diebstähle ohne Bereicherungstendenz als psychopathologisches Syndrom. Fortschr Neurol Psychiatr 43:254

Plack A (1974) Plädoyer für die Abschaffung des Strafrechts. List, München

Reik T (1925) Geständniszwang und Strafbedürfnis. Probleme der Psychoanalyse und der Kriminologie. In: Mitscherlich A (Hrsg) Psychoanalyse und Justiz. Suhrkamp

Richter W (1973) Zur Bedeutung der Herkunft des Richters für die Entscheidungsbildung. Schweitzer, Berlin

Thomae H: Psychologische Aspekte der Schuldfähigkeit. Handbuch der Psychologie, Bd 11: Forensische Psychologie, S 361

Witter H (1972) Die Beurteilung Erwachsener im Strafrecht. In: Handbuch der Forensischen Psychiatrie, Bd II. Springer, Berlin Heidelberg New York, S 1078–1079

Witter H (1978) Buchbesprechung in Mschr Krim u Strafechtsref 61:405–406

Anmerkungen

1. Ausdrücklich für diese Forderung tritt z.B. W. Bräutigam (1972) ein in: Psychoanalyse in foro, Handbuch der Forensischen Psychiatrie, Bd I. Springer, Berlin Heidelberg New York, S 794–796

2. Witter H (1978) Mschr Krim 61:405

3. Freud selber war mehrfach als Gutachter in foro tätig. Hierzu z.B. das kürzlich erschienene Buch von Eissler KR (1979) Freud und Wagner-Jauregg. Löcker, Wien

4. Witter H (1972) Die Beurteilung Erwachsener im Strafrecht. In: Handbuch der Forensischen Psychiatrie, Bd II. Springer, Berlin Heidelberg New York, S 1078–1079

5. In gewisser Weise grundlegend sind hier die bekannten Ausführungen Freuds in Totem und Tabu (Ges W, Bd IX, S 89): „Wenn einer es zustande gebracht hat, das verdrängte Begehren zu befriedigen, so muß sich in allen Gesellschaftsgenossen das gleiche Begehren regen; um diese Versuchung niederzuhalten, muß der eigentliche Beneidete um die Frucht seines Wagnisses gebracht werden, und die Strafe gibt den Vollstreckern nicht selten Gelegenheit, unter der Rechtfertigung der Sühne dieselbe frevle Tat auch ihrerseits zu begehen. Es ist dies ja eine der Grundlagen der menschlichen Strafordnung, und sie hat, wie gewiß richtig, die Gleichartigkeit der verbotenen Regungen beim Verbrecher wie bei der rächenden Gesellschaft zur Voraussetzung."

Auch von strafrechtlicher Seite wird auf die Bedeutung des Beitrages der Psychoanalyse zur Begründung und zum Verständnis des generalpräventiven Strafzwecks hingewiesen. So Jäger H (1974) Grundfragen der gesamten Strafrechtswissenschaft. Festschrift für Heinrich Henkel zum 70. Geburtstag. de Gruyter, Berlin New York, S 125–140. Zum Problem der Generalprävention auch: Haffke B (1976) Tiefenpsychologie und Generalprävention. Eine strafrechtstheoretische Untersuchung. Sauerländer, Aarau Frankfurt

6. Ostermeyer H (1975) Die bestrafte Gesellschaft. Hauser, S 109ff
7. Hierzu u.a. die (wiederherausgegebenen) Arbeiten von Reik Th, Alexander F, Staub H (1971) in: Mitscherlich H (Hrsg) Psychoanalyse und Justiz. Hierzu auch: Herren R (1973) Freud und die Kriminologie
8. Freud S: Neue Folge der Vorlesungen zur Einführung in die Psychoanalyse. Ges W Bd XV, S 117
9. In: Psychoanalyse und Justiz a.a.O, S 324–333
10. So etwa Lange R (1972) Strafrechtsreform. Reform im Dilemma. Langen/Müller, Wien, S 99
11. Plack A (1974) Plädoyer für die Abschaffung des Strafrechts
12. Anders z.B. im Bereich des holländischen Strafvollzugs. Hier stehen eine Reihe von klinikähnlichen Einrichtungen zur Verfügung, die im Rahmen ihrer Resozialisierungsprogramme teils mit hohem Personalaufwand analytische Einzel- und Gruppenpsychotherapien durchführen. Die bekannteste und modernste Einrichtung dieser Art ist die Van Mesdag-Klinik in Groningen. Hierzu: Psyche, Heft 7, 1976
13. Hierzu Alexander F (1971) Psychoanalyse und Justiz. Suhrkamp, S 324: „Überhaupt verrät die Beobachtung des Rechtsbrechers während der schicksalsschweren Stunden der Gerichtsverhandlung dem Psychoanalytiker oft mehr über sein Unbewußtes als manche leere Wochen einer schwierigen Analyse."
14. Hierzu: Berkemann J (1971) Die richterliche Entscheidung in psychologischer Sicht. J Z 537. Vom soziologischen Blickpunkt: Richter W (1973) Zur Bedeutung der Herkunft des Richters für die Entscheidungsbildung. Schweitzer, Berlin
15. Hierzu Freud S: Neurose und Psychose, Ges W, Bd XIII, S 387–391, ebenso: Der Realitätsverlust bei Neurose und Psychose, Ges W, Bd XIII, S 363–368
16. Pauleikhoff B, Hoffmann D (1975) Diebstähle ohne Bereicherungstendenz als psychopathologisches Syndrom. Fortschr Neurol Psychiatr 43:254
Kritisch hierzu Besser PH (1979) Fortschr Neurol Psychiatr 47:617–627
17. Hierzu: Hartmann H (1964) Zur psychoanalytischen Theorie des Ichs. Klett, Stuttgart
18. An psychoanalytischen Arbeiten aus neurer Zeit liegen im Deutschsprachigen nur wenige vor. Z.B. Ehebald U (1971) Patient oder Verbrecher. Rowohlt
Allerdings mögen auch andere Gründe maßgebend sein für die Annahme, jedwede Kriminalität sei neurotisch, eine „normale" Kriminalität gebe es nicht. Gemeint sind hier Gründe, die im Unbewußten selber liegen. Indem man jedes Delikthandeln für neurotisch, für nicht normal hält, weist man für sich selber, da man ja normal ist, die Möglichkeit zurück, ebenso handeln zu können. Es handelt sich hier um den Ausdruck der eigenen Abwehr gegenüber unbewußt vorhandenen oder mobilisierten gleichartigen Deliktwünschen.
19. Der Begriff der Persönlichkeitsfremdheit ist psychologisch unrichtig. Auch ein Handeln, das in den Organisationen des Unbewußten wurzelt, gehört — wie eben auch das Unbewußte selbst — zur Persönlichkeit eines Menschen. Die forensische Psychologie spricht — den gleichen Sachverhalt meinend — von einer „Fremdheit der Verhaltensstile", so z.B. Thomae H: Psychologische Aspekte der Schuldfähigkeit. In: Handbuch der Psychologie, Bd 11, Forensische Psychologie, S 361

Beiträge zur Psychopathologie

H. Göppinger

Der Täter in seinen sozialen Bezügen

Ergebnisse aus der Tübinger Jungtäter-Vergleichsuntersuchung

Unter Mitarbeit von M. Bock, J.-M. Jehle, W. Maschke

1983. 1 Abbildung, etwa 65 Tabellen. Etwa 260 Seiten
Gebunden DM 78,–
ISBN 3-540-12518-3

Dieses Buch enthält die wesentlichen Ergebnisse einer interdisziplinären Vergleichsuntersuchung am Institut für Kriminologie der Universität Tübingen über die Lebensentwicklung von männlichen (wiederholt) Straffälligen im Alter von 20–30 Jahren und von Probanden entsprechenden Alters aus der Durchschnittspopulation. Die Untersuchung ist hinsichtlich Anlage und Umfang einzigartig in der deutschsprachigen Kriminologie.

Es wurden dabei intensive unmittelbare Einzelfallerhebungen zu den einzelnen Lebensbereichen und zur Persönlichkeit der Probanden durchgeführt. Die statistischen Ergebnisse zeigen signifikante Unterschiede zwischen den beiden Gruppen und decken sich insbesondere hinsichtlich des Sozialverhaltens weitgehend mit den Ergebnissen anderer multifaktorieller Untersuchungen, vor allem aus dem angloamerikanischen Raum. Neben der statistischen Aufbereitung wird mit hierzu erarbeiteten spezifisch kriminologischen Kriterien vor allem in Form einer übergreifenden Betrachtung des „Täters in seinen sozialen Bezügen" der Weg zu einem eigenen, einheitlichen Gegenstand einer selbständigen, von ihren Bezugswissenschaften unabhängig gewordenen integrierten Kriminologie gewiesen. Gleichzeitig werden damit die Grundlagen für eine praxisorientierte Angewandte Kriminologie und für eine spezifisch kriminologische Analyse des Einzelfalls geschaffen.

Springer-Verlag
Berlin
Heidelberg
New York
Tokyo